HITLER

por ele mesmo

EDITORA AFILIADA

Os Objetivos, a Filosofia e a Missão da Editora Martin Claret

O principal Objetivo da MARTIN CLARET é continuar a desenvolver uma grande e poderosa empresa editorial brasileira, para melhor servir a seus leitores.

A Filosofia de trabalho da MARTIN CLARET consiste em criar, inovar, produzir e distribuir, sinergicamente, livros da melhor qualidade editorial e gráfica, para o maior número de leitores e por um preço economicamente acessível.

A Missão da MARTIN CLARET é conscientizar e motivar as pessoas a desenvolver e utilizar o seu pleno potencial espiritual, mental, emocional e social.

A MARTIN CLARET está empenhada em contribuir para a difusão da educação e da cultura, por meio da democratização do livro, usando todos os canais ortodoxos e heterodoxos de comercialização.

A MARTIN CLARET, em sua missão empresarial, acredita na verdadeira função do livro: o livro muda as pessoas.

A MARTIN CLARET, em sua vocação educacional, deseja, por meio do livro, claretizar, otimizar e iluminar a vida das pessoas.

Revolucione-se: leia mais para ser mais!

MARTIN CLARET

LIVRO-CLIPPING

HITLER

por ele mesmo

MARTIN CLARET

Créditos

Martin Claret - pesquisador e organizador deste livro, gaúcho de Ijuí, é empresário, jornalista e editor em São Paulo. Dá consultoria a várias entidades ecológicas.

IDEALIZAÇÃO E REALIZAÇÃO
Martin Claret

MIOLO

Revisão
Rosana G. Citino

Projeto Gráfico
José Duarte T. de Castro

Direção de Arte
José Duarte T. de Castro

Digitação
Graziella Gatti Leonardo

Editoração Eletrônica
Editora Martin Claret

Fotolitos da Capa
OESP

Papel
Off-Set, 70g/m²

Impressão e Acabamento
Paulus Gráfica

EDITORA MARTIN CLARET
R. Alegrete, 62 - Bairro Sumaré - CEP: 01254-010
São Paulo - SP - Tel.: (11) 3672-8144 - Fax: (11) 3673-7146

Agradecemos a todos os nossos amigos e colaboradores — pessoas físicas e jurídicas — que deram as condições para que fosse possível a publicação deste livro.

www.martinclaret.com.br

Este livro foi composto e impresso no outono de 2004.

HITLER

Índice

Nota do Editor

Este livro não pretende ser uma apologia a Hitler ou à sua doutrina. A obra tem mais um sentido de advertência e nos conscientiza de que estratégias extremistas e radicais nunca serão soluções para os problemas da humanidade.

A vida de Adolf Hitler deve ser conhecida e estudada, mas não é um bom modelo para o homem do nosso tempo e do futuro.

Ao entregarmos ao público esta pequena biografia, queremos apenas prestar uma necessária contribuição para a educação política popular, mostrando os perigos que há em cultuar valores altamente negativos.

O leitor, ao conhecer e estudar a vida de Hitler, tem o direito ele fazer o seu próprio julgamento histórico.

PREFÁCIO *do Editor*

O propósito da coleção *O Autor por Ele mesmo*

Martin Claret

Estudos da História moderna têm revelado que somos uma civilização construída sobre os fundamentos da escrita. O Homem, no seu aspecto histórico-cultural, tem sido, grandemente, um produto do livro.

Um recente relatório da UNESCO, sobre o hábito da leitura no mundo, conclui que nenhum outro processo de comunicação — inclusive o eletrônico — é instrumento mais adequado de treino mental e fortalecimento do poder da imaginação do que o contato humano com o material impresso de boa qualidade: o livro.

Educadores e cientistas sociais têm constatado que, ao lado da informação de massa, vem se desenvolvendo a "moderna sociedade instruída" — uma sociedade que não só garante a todos uma instrução básica, mas também se preocupa com o ensino dos adultos.

No mundo de hoje e no de amanhã, jamais deixaremos de ser alunos. O educador moderno está aperfeiçoando esse ideal de educação permanente, em jovens e adultos. Neste contexto educacional, o livro é o instrumento fundamental.

Aqui, ousamos "futurar", com o mestre Antônio Houaiss, fazendo nossas as palavras que ele escreveu em seu magnífico prefácio para A Construção do Livro, *de autoria de Emanuel Araújo: "(...) o livro, materialmente, na sua feição mais requintada ou mais generalizada presentes — folhas de papel impresso, alçadas, coligadas e vestidas numa unidade normalmente portátil (mesmo que a duas mãos) —, esse livro pode desaparecer: mas não desaparecerão, com sua fisicidade, as suas mensagens e seus códigos (...) O computador que equivaler à soma de todos os livros será um servo daqueles dialetos — da linguagem oral, que é sobretudo resultado dialético da linguagem escrita (...)*

O 'Livro' poderá, assim, para certos fins, apresentar-se sob outra técnica física. Mas, enquanto perdurar o rigor da leitura a sós, o enlevo da leitura, a emoção do manuseio sensual das páginas, enquanto isso perdurar, teremos os livros-livros, esses que estão aí tão incorporados à nossa maneira de sermos humanos (tanto assim que, onde ele não é isso, aí impera o atraso, a sotoposição, a exploração)".

Também Jorge Luis Borges, o extraordinário escritor argentino — ele amava infinitamente os livros —, conceituou, com incrível lucidez e alcance universal, a importância do livro. Eis o seu pensamento: "Dos muitos instrumentos inventados pelo homem, nenhum pode comparar-se nem de longe ao livro, porque os outros instrumentos são extensões, são mecanismo desse outro mecanismo que é o nosso corpo... Em troca, o livro é uma extensão da memória e da imaginação".

Sim, o livro — esse fundador de civilizações — continuará a influenciar, com dinâmico impacto, o infinito universo de nossas possibilidades.

Nós, que existimos e nos movemos no mundo dos livros; nós, que criadoramente amamos o livro em todas as suas formas e tecnologias, acreditamos substantivamente na função do livro.

A criação e a publicação desta coleção O Autor por Ele Mesmo *são o resultado final de uma pesquisa de campo, em que se detectou um perfil de leitor: o jovem com um projeto de* vida, desejoso de saber mais e consciente da necessidade de atualizar o seu potencial. Vem para atender a uma necessidade cultural e de mercado.

A coleção O Autor por Ele Mesmo não é uma simples série de fascículos, de seqüência obrigatória. É uma biblioteca permanente de livros independentes. Dinamicamente ilustrado, foi diagramado para oferecer uma leitura fácil e agradável.

É um moderno e informativo estudo, destinado principalmente à juventude.

Os doze primeiros personagens foram selecionados pela nossa coordenação editorial, mas a coleção é uma proposta aberta e aceita permanentemente sugestões editoriais e de títulos. O limite quantitativo da coleção será determinado pelos próprios leitores.

Nosso projeto editorial é oferecer o livro ciberneticamente construído — o livro-clipping —, cujas características sejam: custo barato, "livro para ler"; encontrável em qualquer parte e elaborado de forma a atender à nossa realidade cultural e socioeconômica. Nosso modelo para inovar foi copiar o processo criador da própria Natureza — "fazer o novo a partir do velho".

Acreditamos lobatianamente ("um país se faz com homens e livros") que a leitura de textos fundamentais dos grandes personagens da Humanidade é benéfica, instrutiva e motivadora em si, com força capaz de complementar convenientemente a formação da mentalidade das gerações presentes e futuras, despertando potencialidades e vocações.

Participe positivamente.

Você nunca será o mesmo depois de ler um livro.

Livro muda as pessoas.

Livro muda o mundo.

Leia mais para ser mais!

Retrato oficial, 1933.

Hitler e a grandeza histórica

Joachim C. Fest

A História conhecida não registra outro fenômeno que se lhe assemelhe: devemos qualificá-lo de "grande"? Ninguém suscitou tamanho entusiasmo e histeria, e tão grande esperança de salvação; ninguém despertou tanto ódio. Nenhum outro, num percurso solitário que durou apenas poucos anos, acelerou o curso do tempo e modificou as condições do mundo de maneira, por assim dizer, inacreditável, como ele o fez; ninguém deixou atrás de si tamanho rastro de ruínas. Só a coalizão de quase todas as potências mundiais, numa guerra que durou quase seis anos, extinguiu-o da face da Terra: nas palavras de um oficial da Resistência Alemã abateu-o "como a um cão raivoso".

A grandeza particular de Hitler está essencialmente ligada a esse caráter excessivo: uma enorme erupção ele energia a derrubar todos os critérios em vigor. É certo que o gigantesco não corresponde, necessariamente, a uma grandeza histórica e que também o trivial tem sua força. Mas ele não foi apenas gigantesco ou trivial. A erupção que desencadeou acusava, quase em cada etapa, até as semanas de guerra, sua vontade diretiva. Em inúmeros discursos lembrou, em tom admirativo, o início de sua carreira, quando "nada tinha atrás ele si, nada, nenhum nome, ou poder, ou imprensa, nada mesmo, absolutamente nada", e como, só pela própria força, "de pobre-diabo" havia chegado ao domínio da Alemanha e, logo, de uma parte do mundo: "Foi uma coisa prodigiosa!" Com efeito, de maneira sem igual, tinha-se ele feito sozinho, e era tudo de uma vez: mestre de si mesmo, organizador de um partido, criador de uma ideologia estrategista e a imagem demagógica de salvação, chefe, estadista e, durante um decênio, o eixo do mundo. Havia refutado o axioma segundo o qual as revoluções devoram os seus filhos; porque era, como se dizia, "O Rousseau, o Mirabeau, o Robespierre e o Napoleão de sua revolução, era o seu Marx, o seu Lenin, o seu Trotski e o seu Stalin. Pelo caráter e maneira de ser, situava-se, talvez, muito abaixo da maioria dos citados: todavia, alcançou êxito onde nenhum deles alcançara: dominou a revolução em cada fase, até mesmo no momento da derrota. Isso demonstra o seu grande conhecimento das forças que conjurara.

Possuía, ademais, extraordinária acuidade para decidir quais as forças que podia mobilizar e não se deixava induzir a erro de acordo com as tendências dominantes. A época de sua entrada na política situou-se inteiramente sob o signo do sistema burguês liberal, mas ele soube captar as resistências secretas e, por meio de manobras ousadas ou mesmo extravagantes, incorporou-as ao seu programa. Seu comportamento foi considerado paradoxal sob o ponto de vista político, e o arrogante espírito de seus contemporâneos, durante anos, não o levou a sério. O desdém que atraíra para si por sua maneira de ser, a exaltação retórica e a encenação de que se utilizava tinham seus fundamentos; mas sua pessoa, na verdade, ficava muitíssimo acima dessas aparências banais e desinteressantes. Sua força extraordinária repousava, em

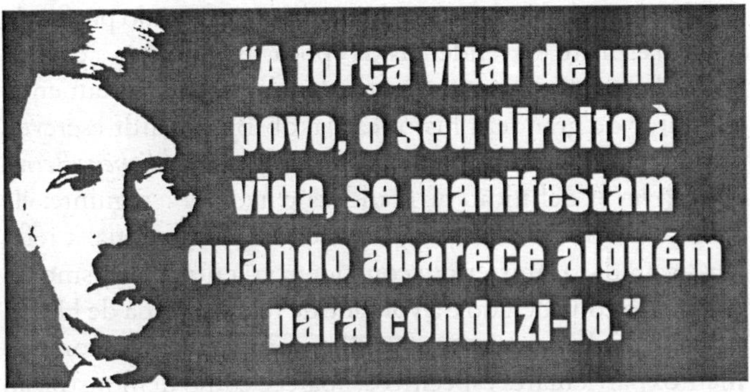

grande parte, no fato de que, raciocinando arrojada e sutilmente, era capaz de construir castelos no ar — foi isso que um dos seus primeiros biógrafos quis dizer, ao publicar em 1935, na Holanda, uma obra com o título *Don Quichotte von München*.

Dez anos antes Hitler, político bávaro fracassado, esboçava, em seu quarto mobiliado de Munique, os arcos de triunfo e cúpulas de uma ideologia aparentemente extravagante. Apesar do desmoronamento de todas as esperanças, após a tentativa de *putsch* de novembro de 1923, não voltou atrás em nenhuma de suas palavras nem minorou nenhum de seus desafios ou subtraiu algum de seus intentos de dominar o mundo. Naquela época todos haviam objetado — reparou mais tarde — que ele não era senão um fantasista: "Diziam sempre que eu estava louco". Mas, apenas alguns anos depois, tudo o que quis transformou-se em realidade ou em projeto realizável, e aquelas forças que pretendiam duração e incontestabilidade — a democracia e o Estado de partidos, os sindicatos, a solidariedade internacional dos trabalhadores, o sistema de alianças européias e a Liga das Nações — estavam em decaída. "Quem é que tinha razão?", perguntou Hitler, triunfante, "o fantasista ou os outros?"

Nessa inabalável certeza de exprimir um acordo profundo entre o espírito e a tendência da época, assim como a capacidade de tornar patente essa tendência, existe, certamente, um fator de grandeza histórica. Jakob Burckhardt escreveu em célebre ensaio publicado no *Weltgerschichlichen Betrachtungen*: "A definição de grandeza parece ser a seguinte: ela leva a cabo uma vontade que transcende o individual"; referiu-se, ainda, à "misteriosa coincidência" entre o egoísmo do indivíduo considerado e a vontade de todos. A vida de Hitler, tanto em linhas gerais como também, aqui e ali, em acontecimentos particulares específicos, aparece como demonstração extraordinária desse pensamento.

O mesmo acontece com os outros critérios que, segundo Burckhardt, distinguem o caráter histórico de um personagem. É insubstituível, deve conduzir um povo para uma nova era que, sem ele, seria inconcebível; deve alimentar a fantasia de seus contemporâneos; encarnar "não apenas o programa e a fúria de um partido", mas uma necessidade mais geral e demonstrar sua capacidade de "cavalgar sobre o abismo": deve ainda possuir o dom da simplificação, saber diferenciar os poderes reais daqueles apenas simulados, assim como, finalmente, ter uma força de vontade anormal, acrescida duma espécie de impulso mágico: "A oposição dos que lhe são próximos será totalmente interdita: aquele que a ele se opuser terá de viver fora de seu alcance, entre os seus inimigos, e só poderá defrontá-lo num campo de batalha".

E ainda hesitam em chamar Hitler de "grande". As feições criminosas de sua aparência psicopata são as que menos suscitam dúvidas. Em realidade, a história mundial não palmilha o solo "em que reside a moralidade", e Burckhardt fala, também, da "extraordinária desobrigação de se conformar às leis morais costumeiras" legadas, pela consciência, às grandes personalidades. O fenômeno do grande homem é antes de tudo de ordem estética, e é extremamente raro que seja, também, de natureza moral; e ainda que possa, muitas vezes, desobrigar-se neste campo, naquele nunca poderá. Diz um velho aforismo de Estética que aquele que não se presta a ser herói será um ser desagradável, ainda que possua excelentes qualidades. Supõe-se — e não faltarão evidências para tal — que Hitler correspondia justamente, e em larga escala, a esse ser desagradável; os inumeráveis traços lúgubres que lhe eram instintivos, a impaciência, a sede de vingança, a falta de generosidade, o materialismo chão e nu que apenas admitia a autoridade e considerava tudo o mais "disparate" — todas essas características de patente vulgaridade emprestavam à sua imagem um quê de repulsiva trivialidade que está em desacordo com a noção tradicional de grandeza. Escreveu Bismarck em carta que "aquele que se impõe aqui na Terra tem parentesco com o anjo caído, que é belo mas não encontra a paz, grande em seus planos e esforços mas não alcança o sucesso, orgulhoso e triste": a distância entre essas noções é incomensurável.

O próprio conceito de grandeza, no entanto, ter-se-á tornado problemático. É verdade que Thomas Mann, num dos ensaios políticos crivados de pessimismo que escreveu durante o tempo em que esteve emigrado, fala de "grandeza" e de "gênio", a propósito de um Hitler triunfante: mas fala em "grandeza desfigurada" e em "gênio num plano inferior": um conceito que se autodestrói, tendo em vista tais contradições. Possivelmente tal conceito seja também determinado por uma interpretação histórica relativa a uma época passada, prendendo-se muito mais aos protagonistas e ao conteúdo do processo histórico, desprezando o vasto emaranhado de forças.

É essa realmente, a concepção divulgada. Ela afirma a medíocre importância da personalidade face aos interesses, conveniências e conflitos materiais dentro da sociedade e vê confirmada a sua tese, de maneira irrefutável, justamente pelo exemplo de Hitler: como "vassalo", senão "espadachim" do grande capital, organizou, de cima, a luta de classes e, em

Klara Pölzl, a mãe de Hitler.

Alois Hitler, o pai.

Adolf Hitler com
um ano de idade.

Casa dos pais de Hitler em
Leonding, perto de Linz, 1900.

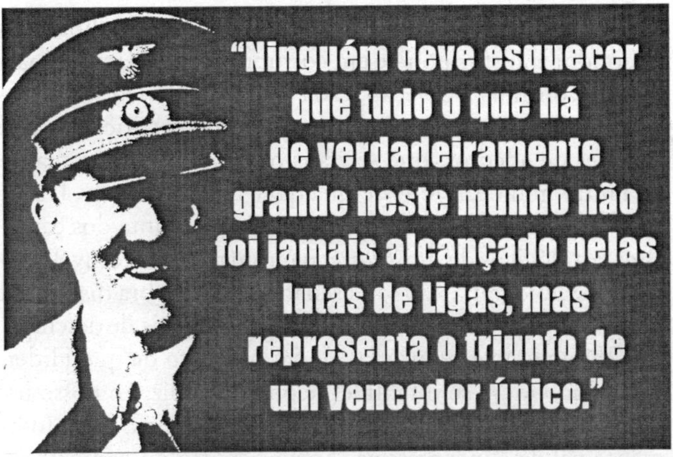

1933, subjugou as massas ávidas de autodeterminação política e social, antes de se prestar aos objetivos de expansão de seus comanditários, desencadeando a guerra. Hitler aparece em inúmeras dessas teses como basicamente mutável, "o mais comum dos manequins", como o descreveu, já em 1929, um dos primeiros analistas do fascismo dos partidos de esquerda: de qualquer forma, não viram nele senão um fato entre vários outros e, de forma alguma, uma causa determinante.

Em verdade, essa objeção tem em mira negar a possibilidade de um conhecimento histórico pela interpretação de relato biográfico. Alega-se que nenhum indivíduo pode representar o processo histórico com todas as suas tramas e contradições, situado sobre inúmeros planos de tensão em constante mudança, ainda que de maneira próxima da autenticidade. A rigor, a historiografia personalista apenas continua a tradição da antiga literatura cortesã de mesuras, e o ano de 1945, com a derrocada do regime, terá quando muito trazido novos presságios, conservando métodos basicamente idênticos. Hitler permaneceu como a força irresistível, determinadora de tudo, e "apenas mudou de qualidade: o libertador transformou-se em corruptor demoníaco". Finalmente, continua a objeção, cada relato biográfico serve, voluntariamente ou não, à necessidade de justificativa dos milhões de adeptos, que se transformam em vítima diante de tanta "grandeza" ou, de qualquer forma, querem lançar toda a responsabilidade do acontecido por conta dos caprichos patológicos de um *Führer* demoníaco e inacessível. Em resumo, a biografia não seria senão uma manobra disfarçada de desobrigação, em face de uma vasta estratégia de desculpa.

Tal objeção é reforçada, ainda, pelo fato de que Hitler, como indivíduo, só dificilmente pode mobilizar o nosso interesse; sua pessoa permanece, através dos anos, espantosamente pálida e inexpressiva. Apenas dentro do contexto da época adquire dimensão e fascínio. Hitler possui em larga escala aquilo que Walter Benjamin chamou de "caráter social": uma combinação quase exemplar de todas as angústias, sentimentos de contestação e esperanças de seu tempo; tudo isso, na verdade, em demasia, desvirtuado e apresentando alguns traços fora do comum, mas sempre demonstrando relacionamento e compatibilidade com o *background* histórico. A vida de Hitler não merecia ser descrita ou interpretada, não fossem as tendências e circunstâncias que dela assomam, transcendendo a pessoa, e caso sua biografia não constituísse, também, o fragmento da biografia de uma época. E, por assim ser, a sua apresentação triunfa sobre quaisquer objeções que contra ela se levantem.

Tal fato imprime, concomitantemente, maior acuidade à apresentação do *background*. Hitler se desdobra diante de um espesso padrão de fatores objetivos que nele se imprimiram, que o favoreceram, que o impeliram para diante e, de tempos em tempos, também o detiveram. Para isso tanto contribui a romântica intuição política alemã como o "cinza" particularmente triste da República de Weimar; o rebaixamento nacional pelo Tratado de Versalhes e o rebaixamento social de camadas mais amplas da população, em razão, ao mesmo tempo, da inflação e da crise da economia mundial; a fraqueza da tradição democrática na Alemanha; os sobressaltos causados pela ameaça de revolução comunista, os transes da guerra, os cálculos falhos de um conservantismo que se tornara precário e, finalmente, as angústias que se difundiram pela transição de uma ordem em que se confiava para uma outra, ainda incerta. Tudo isso, acrescido ainda do desejo de encontrar soluções simples para opor às causas de descontentamento, freqüentemente impenetráveis e confusas, e para pôr-se a salvo de todos os agravos de uma época sob a proteção de uma autoridade dominante.

Como o ponto de convergência de tantos anseios, angústias e ressentimentos, Hitler tornou-se uma figura histórica. O que aconteceu não se poderia conceber sem ele. Com ele o indivíduo demonstrou, mais uma vez, seu extraordinário poder sobre o processo histórico. Essa obra irá mostrar a que virulência e poderio podem ser levados os múltiplos humores entrecruzados de uma época, quando um gênio demagógico, um dom superior de estratégia política e a faculdade de efetivar aquela "coincidência mágica" de que se falou se reúnem num homem. "A História gosta, de tempos em tempos, de se condensar em um só indivíduo, a quem então o mundo obedece". Nunca será devidamente acentuado que a ascensão de Hitler foi possível, em primeiro lugar, graças à excepcional reunião de condições individuais e gerais e à correspondência, dificilmente compreensível, que aliava o homem à época e a época ao homem.

Esse estreito relacionamento afasta Hitler de todas as concepções que lhe atestam faculdades super-humanas. Não foram as características demoníacas, mas as qualidades exemplares, por assim dizer "normais", que possibilitaram, antes de tudo, a sua carreira. O exame de sua vida irá mostrar como todas as teorias que apresentam Hitler como uma antítese fundamental da época em que viveu, e de seus coetâneos,

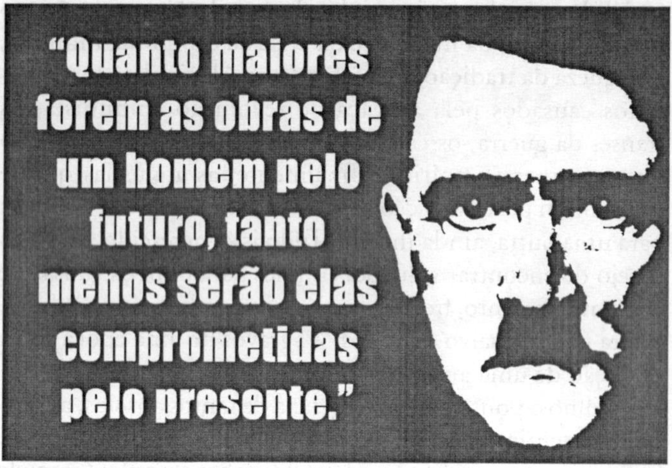

são problemáticas e determinadas por desconfianças ideológicas. Muito mais do que ele, a grande contradição de seu tempo foi a sua imagem, e esbarramos continuadamente com os vestígios de uma identidade secreta entre um e outro.

O presente trabalho procura mostrar a grande importância das condições objetivas, mediante considerações marginais expressamente inseridas. Mas uma pergunta se propõe: em que consiste a ação particular exercida por Hitler na marcha dos acontecimentos? É verdade, certamente, que, mesmo sem a sua intervenção, um movimento popular nacionalista teria encontrado eco e adesões no curso da década de 1920. Mas, presumivelmente, esse movimento teria sido, apenas, um grupo político mais ou menos digno de nota, dentro do contexto do sistema. A contribuição de Hitler foi aquela mistura inconfundível de fantástico e lógico que, como se verá, exprime em alto grau a sua maneira de ser. O radicalismo de Gregor Strasser ou de Joseph Goebbels consistia apenas no desafio das regras de jogo em vigor que, no entanto, reafirmavam a sua continuidade quando desafiadas. O radicalismo de Hitler, ao contrário, punha fora de jogo todas as condições existentes para apresentar um elemento novo e inaudito. As inúmeras misérias e o descontentamento da época teriam, de qualquer forma, levado a crises; mas, sem a pessoa de Hitler, nunca se teria chegado àquele auge, àquelas explosões de que seríamos testemunhas. Desde a primeira crise do partido, no verão de 1921, até os últimos dias de abril de 1945, quando expulsou Göring e Himmler, a sua posição permaneceu incontestada; ele não suportava nem mesmo, acima de si próprio, a autoridade de uma idéia. E com extrema arbitrariedade fez, novamente, a História, de um modo que já para o seu tempo pareceu anacrônico e jamais se repetirá: um encadeamento de idéias subjetivas, com surpreendentes golpes e reviravoltas, espantosas traições, abnegações ideológicas, mas comportando sempre, no *background*, uma única imagem, tenazmente perseguida. Algo de seu caráter singular, do elemento subjetivo que ele impôs ao curso da História, expressa-se na fórmula "fascismo de Hitler", divulgada pela teoria marxista até na década de 1930; nesse sentido, não foi sem razão que se definiu nazismo como hitlerismo.

A pergunta, no entanto, é se não teria sido Hitler o último político a ignorar tão amplamente o peso das circunstâncias e dos interesses; se a pressão dos fatores objetivos não se tornou visivelmente mais forte e, com isso, diminuiu, concomitantemente, a possibilidade histórica do grande personagem — porque o seu lugar na História depende, incontestavelmente, da liberdade que o protagonista mantém em face das circunstâncias. Num discurso secreto, pronunciado em princípios do verão de 1939, Hitler declarou: "Não é possível tomar como princípio esquivar-se à solução dos problemas pela acomodação às circunstâncias. Pelo contrário, as circunstâncias é que se devem acomodar às exigências". De acordo com esse lema, ele, o "visionário", reviveu uma vez mais a imagem do grande homem, numa tentativa aventurosa levada aos últimos limites e, finalmente, malograda. Parece que essa

Adolf Hitler, no centro da fileira superior, com seus companheiros de escola primária, Leonding, 1900. (Veja foto ampliada abaixo, à esquerda.)

Hitler numa escola da cidade de Linz, 1901.

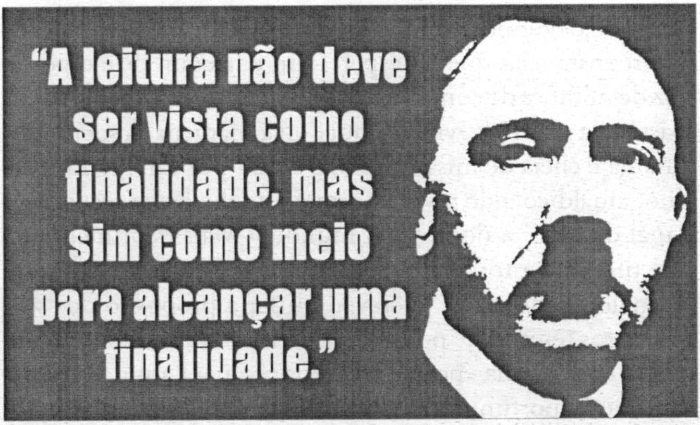

possibilidade, como tantas outras, morreu com ele: "Nem em Pequim, nem em Moscou, nem em Washington, poderá surgir de novo alguém como ele, que transformou o mundo de acordo com sonhos confusos... Aquele que ficar sozinho no alto não mais terá campo para decisão. Terá de as moderar e trabalhar conforme planos preestabelecidos. Pode-se presumir que Hitler foi o último executor da grande política dos moldes clássicos".

Se os homens já não fazem a História, ou fazem-na muito menos do que supôs, por muito tempo, a tradicional escola literária da biografia romanceada, Hitler a fez, certamente, em grau mais alto do que muitos outros. Ao mesmo tempo, porém, e em proporções inusitadas, a História o fez. Nada chegou até esse "ser inumano", como é chamado num dos capítulos que se seguem, que não tivesse existido de antemão: mas o que chegava até ele recebia um poderoso impulso. A biografia de Hitler é a história de um processo de mudança contínuo e intensivo.

E assim permanece, ainda, a pergunta: se a grandeza histórica pode existir de par em par com condições individuais nulas ou insignificantes. Não é desinteressante imaginar qual teria sido o destino de Hitler se a História lhe houvesse negado as circunstâncias que o despertaram e fizeram dele o porta-voz de milhões de complexos de resistência e de revolta: uma existência ignorada, vivida aqui e ali à margem da sociedade, amarga e cheia de misantropia, a ansiar por um grande destino, amaldiçoando a vida porque esta lhe havia recusado o papel de herói a dominar o mundo. "Mais deprimente do que tudo era a total falta de consideração que me votavam na maioria das vezes", escreveu Hitler a propósito dos seus primeiros tempos de político. A derrocada do sistema, a angústia reinante na época e a disposição para a mudança deram-lhe a oportunidade de sair da sombra do anonimato. A grandeza, disse Jakob Burckhardt, é uma necessidade das épocas terríveis.

O fenômeno Hitler mostra-nos, em medida que ultrapassa toda experiência, que a grandeza também pode acompanhar a mediocridade individual. No decurso de períodos consideráveis, sua personalidade age como que diluída, volatizada no irreal, e não foi senão aquele caráter, por assim dizer, fictício, que levou tantos políticos conservadores e historiadores marxistas, unidos num singular acordo, a vê-lo como instrumento de interesses estrangeiros. Longe de toda grandeza e de ocupar uma posição de importância em todo o plano político e histórico, parecia ele o tipo ideal para encarnar o "agente". Mas tanto uns como outros se enganaram. Era parte, precisamente, da tática de sucesso de Hitler usar desse falso juízo, que refletia e reflete um ressentimento de classe contra o pequeno burguês, para fazer política. Sua biografia é, também, a história de uma desilusão progressiva e geral. Certamente, falta-lhe aquele desdém irônico que ainda hoje ocorre a tantos observadores e que apenas cessa à vista de suas vítimas.

O desenrolar dessa vida, a própria marcha dos acontecimentos irão proporcionar um esclarecimento a respeito. De outro lado, a ponderação levará, também, ao ceticismo. Se em fins de 1938 Hitler tivesse sido vitimado por um acidente, poucos hesitariam em considerá-lo um dos grandes estadistas alemães, talvez o que tivesse completado a história daquele país. Os discursos agressivos e *Mein Kampf*, o anti-semitismo e a concepção de hegemonia mundial teriam, presumivelmente, caído no esquecimento, como fantasias dos seus primeiros anos de político, e só por casualidade teriam surgido aos olhos de seus críticos como defesa de uma nação indignada. Seis anos e meio separaram Hitler dessa glória. Certamente, apenas mediante um fim violento a teria conseguido. Por natureza, estava ligado à destruição, e dela não conseguiu livrar nem a própria pessoa. Podemos chamá-lo de "grande"?

(Fonte: *Hitler*, Joachim C. Fest, Editora Nova Fronteira, Rio de Janeiro, 1976. Esse livro é um dos mais completos estudos sobre Hitler. A obra contém mais de 1.000 páginas e constitui leitura obrigatória.)

Foto de Hitler autografada para Egon Hansfstaengl, 1932.

HITLER

Perfil Biográfico

Dados biográficos

Adolf Hitler nasceu em uma hospedaria de Braunau, na Áustria, às seis e meia da tarde de 20 de abril de 1889. Em Braunau, que se encontra exatamente na fronteira com a Bavária, seu pai, Alois, é aduaneiro: já passou dos cinqüenta e o seu aspecto é severo, com os longos bigodes grisalhos e os olhos indagadores, mais de trinta anos de serviços nos ombros. Todo ao contrário, a mãe, Klara Pölzl: vinte e oito anos, esbelta, cabelos louros e olhos claros, foi camponesa com os pais e, depois, empregada em Viena antes de se casar: agora é dona de casa com a mesma humildade e doçura. Klara e Alois não são de Braunau: ambos são originários do Waldviertel, um distrito compreendido entre o curso do Danúbio e a fronteira da Boêmia e Morávia, terra de origem dos Hitler. O Waldviertel é uma região pobre, predominantemente agrícola; os habitantes têm costumes atrasados, freqüentemente portadores de taras causadas pelo alcoolismo e pelos repetidos casamentos entre consangüíneos. Também Alois e Klara são primos de segundo grau e, para se casarem, no início de 1885, tiveram de obter a licença do bispo. Este, para Alois, é o terceiro casamento, depois de uma vida inquieta e também um pouco aventureira. Na infância conheceu apenas sua mãe, Maria Anna Schicklgruber, empregada doméstica, que o pôs no mundo já com mais de quarenta anos; o pai é desconhecido. O homem que mais tarde se casou com a mãe, Johann Georg Hiedler, abandonou-os logo, para continuar com a vida de moleiro ambulante. Assim, Alois cresceu com o tio, Johann Nepomuk Hiedler, após ter perdido a mãe com dez anos. Depois, com trinta e nove anos completos, foi legalmente reconhecido como filho de Johann Georg Hiedler, o marido de sua mãe. Desse momento em diante Alois abandona o sobrenome de sua mãe e adota o de Hitler (de Hiedler) e se encontra também herdeiro do pequeno patrimônio do tio Johann Nepomuk. Alguns anos mais tarde, em 1883, apenas um mês depois da morte da esposa Anna Glasl-Horer (com quem se casara em 1864), Alois volta a casar-se com a jovem e vistosa cozinheira Franziska Matzelberger, que já lhe dera um filho, Alois Jr., e logo dá à luz um segundo, Ângela. Mas também Franziska morre cedo, de tuberculose. O novo casamento, com Klara Pölzl, realizou-se seis meses depois. Ao contrário dos irmãozinhos Gustav e Ida, nascidos antes dele, mas falecidos em tenra idade, Adolf Hitler tem uma infância bastante normal e tranqüila, exceto talvez a agitação das várias mudanças que a família teve de fazer, seja por exigência de serviço do pai aduaneiro, seja depois por sua irrequietude de aposentado. De Braunau os Hitler se fixam antes em Gross-Schonau e em Passau, depois em Halfeld, em Fischlham, em Lambach e em Leonding, pequenas cidades perto de Linz. Nesse ínterim, nasceu, em 1894, um irmão, Edmund, e, dois anos mais tarde, Paula, a última irmã. Adolf inicia a escola em Fischlham, em 1895, depois freqüenta por dois anos o convento beneditino de Lambach, onde se exibe entre os pequenos coristas; terminado o primário em Leonding, entra (1900) na escola secundária de Linz, a Realschule. É o primeiro passo da carreira que o pai quer lhe preparar, a de *Oberoffizial*, oficial da alfândega imperial austríaca: um boné de veludo com filete de ouro. Todavia, enquanto até aquele momento Adolf fora um aluno bastante capaz e aplicado, seu primeiro ano na Realschule é quase um desastre; o ano seguinte o rapaz repete o mesmo na Staatsrealschule de Steyr. Ao pai que o repreende duramente por não se aplicar nos estudos como deveria, Adolf replica que quer ser artista, pintor, e nunca aduaneiro. Depois, repentinamente, Alois Hitler morre em uma fria manhã de janeiro de 1903. Com a mãe e a irmã Paula (Edmund morrera três anos antes, Ângela fora empregar-se em Linz, Alois Jr. fugira de casa já havia algum tempo), Adolf muda novamente de endereço e passa em Linz os anos mais intensos e difíceis da puberdade. Só tem um grande amigo, August Kubizek, com quem passa todas as horas livres em devaneios sobre arte, história, amor. E se apaixona de fato. Mas com a bela Stephanie jamais consegue trocar uma só palavra. Aos dezesseis anos Adolf adoece: é início de tuberculose que requer meses de cura e mudança de clima. E é o fim dos estudos. O jovem Hitler se hospeda em casa de uma tia, onde se restabelece bem depressa, mas, quando volta para casa, o ano letivo está terminando. Os convites da mãe para retomar os livros foram em vão. Esse é o período, dos dezesseis aos dezenove anos, em que Adolf vive na mais completa e inconsciente liberdade: tardes de espera para obter um olhar de Stephanie; leituras disparadas; noites no Teatro da Ópera, exaltando-se com a música de Wagner; longas estadas em Viena, fazendo vida de artista. A Viena de então desempenhava relevante papel na história da música e do teatro: Johann Strauss e Lehar desenvolveram sobremaneira, aí, a ópera ligeira. Mamãe Klara já esgotou suas escassas economias para satisfazer a paixão do filho, mas no exame de admissão para a Academia de Belas-Artes de Viena (outubro de 1907) Adolf foi reprovado; e, no ano seguinte, nova reprovação. Aconselham-no a fazer arquitetura, curso para o qual parece ter mais inclinação: mas sem o diploma da Realschule não pode nem se inscrever. Nesse ínterim morre sua mãe. Chegara também para ele o momento de ganhar seu pão.

Viena, no começo do século, é uma metrópole com aproximadamente dois milhões de habitantes. Capital do império e centro industrial entre os maiores da Europa, a cidade está vivendo os últimos anos da sua despreocupada "doce vida": valsas e operetas, cafés, concertos e passeios às margens do "belo Danúbio azul", duelos e escândalos mundanos. Mas, atrás dessa brilhante fachada, está uma triste realidade: um milhão de pequenos empregados e operários que vão vivendo uma vida meramente de subsistência; e mais a massa dos deserdados, vagabundos e delinqüentes de todas as raças. É nesse ambiente que Adolf Hilter passa sua vida entre os vinte e os vinte e quatro anos anos. Deixou o quarto na Stumpergasse onde morava com o amigo August, e logo teve de abandonar também o quarto alugado na Simon Denk Gasse. Sua única renda fixa — até os vinte e um anos — é a pensão de 25 coroas que recebe como órfão, mais ou menos equivalente à metade do pagamento mínimo de um servente de pedreiro. Desse modo, arruma-se como pode para juntar algumas coroas: removendo neve, carregando malas na estação, pintando pequenos quadros, sendo servente de pedreiro. Dorme em um dormitório público, na Meldemannstrasse; come no convento dos frades da Gumpendorferstrasse; não bebe e não fuma, mas, tão logo lhe sobra uma coroa, corre a se empanturrar de docinhos recheados de creme.

Tem pouquíssimos amigos, embora freqüente pessoas de todo tipo. Entre outras, um certo Isidor Neumann, judeu, que o presenteia com um sobretudo comprido até os pés; e Josef Greiner, um candidato a artista, como ele. Reinhold Hanisch, que encontra no decorrer de 1909, propõe-lhe sociedade num negócio: Adolf, pintor, pintará cartões-postais e pequenos quadros, ele irá vendê-los nos cafés e diante das

> **"A ruína de uma nação só pode ser impedida por uma tempestade de paixão; mas só os apaixonados podem despertar paixão nos outros."**

igrejas, e dividiriam o lucro meio a meio. Tudo vai bem por alguns meses, até que Hanisch desaparece com um quadro, e Hitler o denuncia. Entre um trabalho e outro, não lhe falta de certo tempo livre, e Hitler passa-o lendo principalmente tudo quanto pode satisfazer sua sede de informação imediata, de conhecimento. Constrói assim, nesses anos — entre as pessoas com os quais convive, nas ruas e nas casas que o hospedam, com as páginas que rapidamente devora — aquela que será a base de todas as suas experiências. Uma visão de mundo focalizada em algumas idéias e impressões não mais modificáveis, tais como: a natureza irremediavelmente cruel do homem, a conspiração maléfica e universal dos judeus, a superioridade da raça ariana e seu direito de dominar o mundo, a profunda antipatia pelas instituições democrático-parlamentares, o ódio impiedoso pela social-democracia e pelo marxismo. São idéias bastante comuns, naquele tempo, em Viena — e, em geral, em certos ambientes alemães —, mas Hitler se agarra a elas com tal determinação e as defende com tal animosidade, que surpreende e atemoriza os seus próprios companheiros, que talvez por isso também tendem a evitá-lo. Em maio de 1913, Adolf Hitler transfere-se para Munique. A cidade bávara é moderna e elegante, sem dúvida mais tranqüila do que a cosmopolita Viena. Mas a vida de Hitler não muda muito: hospeda-se na casa de *herr* Popp, na Schleissheimerstrasse, e continua a viver de expedientes. Em 3 de agosto de 1914, é feita a declaração de guerra à França: Adolf Hitler, que está entre a multidão entusiasta na Praça Odeon, logo se apresenta para ser alistado como voluntário. Com efeito, meses depois parte para a frente ocidental. Integra a primeira companhia do regimento List, com o encargo de estafeta; enfrenta o batismo de fogo na dura batalha de Ypres e assiste à dizimação do seu regimento. Em 1915 está em ação perto de Tourcoing e Neuve Chapelle, no ano seguinte em Somme e perto de Bapaume. Aí, a 7 de outubro de 1916, Hitler foi ferido em uma perna e internado no hospital de Beelitz, perto de Berlim; mas, após breve convalescença e alguns meses de reserva em Munique, volta à frente com o grau de cabo. Participa então das operações na região de Arras, Artois e Chemin des Dames; em 1918 está em Montdidier e em Soissons. Em 4 de agosto lhe foi conferida uma Cruz de Ferro de primeira classe, condecoração extraordinária para um simples cabo. Na noite de 14 de outubro, enfim, está de novo em Ypres, onde os ingleses atacam com gases: seus olhos são atingidos, sofre um colapso e é imediatamente internado no hospital de Pasewalk, perto de Stettin. É aí que, a 11 de novembro, tem conhecimento do término da guerra: a grande Alemanha rendeu-se. A grandeza e a complexidade dessa luta, que afetou a humanidade inteira, não podiam deixar de produzir repercussões profundas no espírito de Hitler.

Em 13 de novembro de 1918 Hitler volta ao seu regimento, o 16º da infantaria bávara, sediado em Traunstein na Alta Baviera. Atravessou uma Alemanha caótica e desesperada, perturbada pela miséria, pelo medo, pela violência da revolução. Duas semanas antes, a 31 de outubro, todos os navios de carreira, os cruzadores e os encouraçados de Kiel amotinaram-se, avivando um movimento espontâneo de marinheiros que proclamou a República Social; a insurreição propagou-se em seguida para Hamburgo onde encontrou a adesão dos Conselhos dos soldados e dos operários. Na noite entre 7 e 8 de novembro o socialista Kurt Eisner constituiu em Munique a República Bávara, baseada no Conselho dos operários, dos soldados e dos camponeses. O dia 9 de novembro foi agitado em Berlim: enquanto os Conselhos proclamavam a greve geral, o chanceler imperial Max von Baden punha fim às indecisões do imperador Guilherme II, que renunciou ao trono, entregando nas mãos do social-democrata Friedrich Ebert o cargo de chanceler do Reich; à tarde, com meia hora de diferença, dois homens proclamaram a República: o social-democrata Phillipp Scheidemann, falando de uma janela do Reichstag, e o comunista Karl Liebknecht, dos degraus do castelo imperial. Dois dias depois, finalmente, em Compiègne, Matthias Erzberger, chefe da comissão alemã para o armistício, assinou pela Alemanha o tratado com as potências ocidentais.

Nos dias seguintes, enquanto em Traunstein Hitler presta serviços de guarda em um campo de concentração para prisioneiros russos, em Berlim a situação se precipita: o movimento dos espartaquistas chefiados por Liebknecht e por Rosa Luxemburgo continuou sua obra de mobilização armada para transformar a Alemanha em Estado comunista do tipo soviético. Mas entre 10 e 17 de janeiro de 1919 as companhias dos Corpos Francos, sob a direção do Ministro da Defesa, Gustav Noske, atacam com extrema decisão os espartaquistas: é a semana sangrenta, que culmina com o assassinato dos dois líderes do movimento, Liebknecht e Rosa Luxemburgo. Assim o governo social-dedocrata conseguiu controlar a situação, apoiando-se no exército e dissolvendo os Conselhos do povo; mas nas eleições seguintes, de 19 de janeiro, os socialistas conseguem uma maioria apenas relativa

(185 cadeiras sobre 421), enquanto o centro se mantém (88 cadeiras aos católicos, e 75 aos democratas) e a direita consegue um discreto sucesso (42 cadeiras aos nacionalistas, 22 aos nacionais-liberais). São esses os dias em que nasce e se espalha com excepcional rapidez o *slogan* da "punhalada nas costas", isto é, o mito segundo o qual o invencível exército alemão não teria sido derrotado pelas armas adversárias, mas pela traição dos inimigos internos: socialistas, comunistas e judeus.

No fim de janeiro, Hitler volta para Munique. A cidade continua entregue à desordem, que ainda mais se agrava em fevereiro, quando o presidente Kurt Eisner é assassinado. Nesse ponto a luta política desencadeia-se em violentíssimos conflitos de rua: de um lado os monarquistas separatistas, que trabalham para a volta ao trono dos soberanos católicos Wittelsbach, em uma Baviera separada da Prússia protestante; de outro, os comunistas e os socialistas das várias tendências: os fiéis ao governo central de Berlim e os mais favoráveis às soluções radicais de tipo soviético; e ainda os nacionalistas ligados ao império dos Hohenzollern e os simplesmente irritados pela derrota. Após um breve período no qual o governo é dirigido pelo social-democrata Johannes Hoffman, em 6 de abril Ernst Toller e Gustav Landauer proclamam, na Baviera, a República Vermelha dos Conselhos. Mas também esse governo tem uma vida brevíssima: já em 1º de maio, de fato, a Munique esfomeada rende-se às divisões militares enviadas por Noske.

Adolf Hitler viveu toda essa fase quente de lutas numa caserna em Munique. Logo que os Corpos Francos do General von Epp sufocaram os últimos focos de resistência, o cabo, com trinta anos de idade, sai do esconderijo. Primeiro é destacado para a comissão de inquérito do Reichsweher (o exército) "para reunir indícios que pesam sobre os suspeitos de cumplicidade com os comunistas"; em seguida, freqüenta um curso de instrução política para soldados e se torna *Bildungsoffizier* (oficial instrutor). Em setembro — enquanto dura a tensão por causa da assinatura do tratado de paz de Versalhes — Hitler é encarregado de investigar um novo pequeno grupo político, o Partido dos Trabalhadores Alemães, e nele se inscreve. A atmosfera de miséria e de violência e a proletarização da classe média permitiram a Hitler uma ascensão rápida no campo político.

Em menos de seis meses Adolf Hitler tornou-se o líder absoluto e indiscutível do Partido dos Trabalhadores Alemães. Seu fundador, o ferreiro Anton Drexler, e seu presidente, o jornalista Karl Harrer, tinham se contentado, até aquele momento, em promover discussões e debates nas cervejarias de Munique entre os quarenta membros e os outros poucos simpatizantes. Hitler, ao contrário, desde sua primeira aparição no partido, a 12 de novembro de 1919, dedicou a ele toda a energia: membro do comitê dirigente encarregado da propaganda, em outubro conseguiu atrair mais cem pessoas ao comício na Hofbräuhaus, duzentas em novembro, quase duas mil em 24 de fevereiro de 1920, quando ilustrou os 25 pontos do programa do partido. É esta, em certo sentido, a verdadeira data de nascimento do nacional-socialismo na Baviera. Em abril, mês em que Hitler deixa o exército para dedicar-se inteiramente ao partido, este assume sua denominação definitiva: *Nationalsozialistische Deutsche Arbeiterpartei* (ou NSDAP, Partido Nacional-Socialista dos Trabalhadores Alemães). Em dezembro, graças provavelmente aos fundos secretos do exército, o NSDAP pode comprar um jornal, o semanário *Völkischer Beobachter* (*O Observador do Povo*). No verão de 1921 Hitler vai a Berlim por algumas semanas, onde estabelece contatos ideológico-financeiros com círculos e movimentos nacionalistas do Norte. De volta a Munique, em julho, põe fim bruscamente a uma manobra de caráter frondista chefiada por Drexler e Harrer; de fato, segundo sua proposta, o estatuto é modificado de modo a concentrar todos os poderes nas mãos do presidente, e naturalmente o novo presidente é ele mesmo, Adolf Hitler. Com a criação da "seção ginástico-esportiva" (3/8/1921) reorganizam-se as forças paramilitares do movimento, e é Hitler em pessoa que em setembro guia as suas esquadras contra o comício do federalista bávaro Ballerstedt (por essa ação Hitler será processado e condenado a três meses de prisão). Em novembro as formações de batedores do NSDAP — que assumiram o nome mais apropriado de *Stürm-Abteilungen* (ou SA, esquadra de assalto) — dão início às ações *Saalschacht* (batalha de sala), batendo-se ferozmente com os comunistas na Hofbräuhaus. Nesse ponto o partido alcançara uma bem definida e compacta estrutura. Princípio geral é a autoridade absoluta do chefe (*Führer-prinzip*): abaixo dele, com certa autonomia de operações, o aparato dos funcionários superiores, ligados ao chefe por uma relação de responsabilidade pessoal e direta; depois a base dos militares, sujeitos todos à mesma relação de subordinação com respeito aos superiores hierárquicos. O debate ideológico não encontra praticamente espaço para se formar e crescer, os contrastes de opiniões são imediatamente sufocados, se necessário com a força. Depois de alguns meses de prática, freqüentemente confusa, Hitler pôs em evidência seus grandes dotes de orador e propagandista. Junto dele, os quadros dirigentes são formados por homens de várias classes sociais e experiências diversas: Gottfried Feder, engenheiro e estudioso amador de ciências econômicas, defensor convicto da teoria do "capital especulativo" e da luta contra a "escravidão do interesse", que aparece também no programa do partido; Dietrich Eckart, jornalista, dramaturgo e poeta conhecido na alta sociedade, anticlerical autêntico e racista refinado, compilador da parte mais estritamente ideológica do programa; *Ernst Röhm*, major do exército, organizador dos Corpos Francos na Baviera e partidário do fichamento político entre os militares e os civis, perito em obter simpatias e financiamentos da parte das autoridades do exército; Rudolf Hess, ex-oficial piloto da aviação, apaixonado por astrologia e mitologia nórdicas, secretário particu-

Aquarela de Hitler, Viena antiga, 1911.

Palácio Auersberg, Viena, outra aquarela de Hitler, 1911-1912.

lar e muito dedicado a Hitler; Hermann Goering, herói nacional da Primeira Guerra Mundial e último comandante da famosa esquadrilha *Richthofen* (o "Barão Vermelho"), chefe das SA em 1922; Alfred Rosenberg, estoniano, estudante de arquitetura, foragido de Moscou no tempo da revolução bolchevista, teórico inexaurível dos princípios da raça e da cultura arianas; Gregor Strasser, farmacêutico, chefe das SA do distrito de Landshut, fiel defensor até o último do nacional-socialismo; Julius Streicher, professor primário, fundador e diretor do *Stürmer*, o jornal mais violentamente anti-semita do Reich. Nesse período inscrevem-se no partido também algumas figuras da alta aristocracia, que além do nome trazem discretos financiamentos: Friedelind Wagner, neto do grande músico, Putzi Hanfstängl, editor de arte de origem americana, a senhora Helene Bechstein, a dos famosos pianos, a senhora Gertrud von Seidlitz, a rainha do papel, e a família do conhecido editor Bruckmann. Mas, basicamente, os inscritos são na maior parte ex-militares desarraigados que acharam nas formações das SA as palavras de ordem preferidas e o pagamento mínimo para sobreviver; ou lojistas empobrecidos pela crise econômica cada vez maior, fascinados pelas perspectivas de assaltar as grandes lojas dos judeus. As idéias políticas básicas de Hitler tomaram forma no ambiente da classe média de Viena, onde vivera em sua juventude. Acreditava ser a desigualdade entre os homens e as raças decorrência da ordem natural das coisas. Exaltava as raças arianas e temia e odiava os judeus.

O ano de 1923 foi dramático e decisivo para a Alemanha e para Adolf Hitler. A inflação e a crise econômica, já em fase muito avançada, trouxeram ao bloco as negociações para o pagamento das indenizações de guerra aos aliados ocidentais: assim a França, a título de ressarcimento, procede em 11 de janeiro à ocupação armada do Ruhr, o coração industrial da Alemanha. A essa ação o governo alemão responde com uma campanha de resistência passiva, e em breve uma

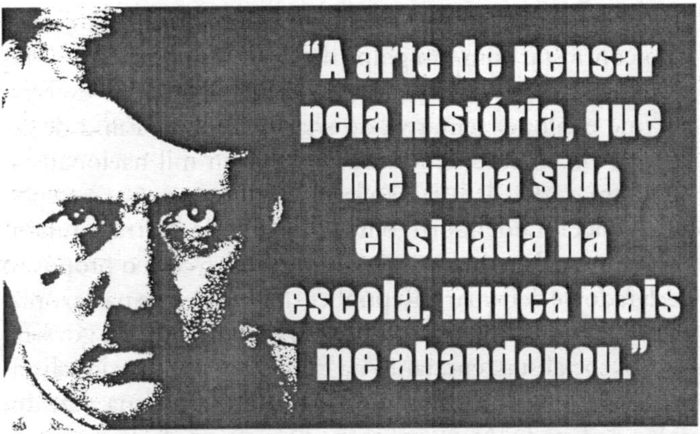

verdadeira e própria guerrilha cresce entre os dois países, com greves e atos de sabotagem, de um lado, detenções e deportações em massa, de outro. Nesse momento, a crise econômica precipita-se, a inflação monetária torna-se galopante: o marco, que no fim da guerra tinha uma relação de 4 para 1 com o dólar, no início de 1923 já havia descido ao nível de 7.000 para 1; em 1º de novembro um dólar custa a cifra exorbitante de 130 bilhões de marcos.

Para Hitler esse é o momento de agir. Ficou impressionado com o sucesso da marcha sobre Roma de Mussolini (outubro de 1922) e já há meses projeta organizar uma marcha análoga sobre Berlim para depor o governo dos "traidores de novembro". Planos desse tipo não são novos em Munique, que se tornou havia alguns anos o centro de concentração dos nacionalistas anti-republicanos de todas as tendências. O próprio governo da Baviera está nas mãos de um homem de direita, Gustav von Kahr, que não esconde suas simpatias pela volta dos Wittelsbach ao trono. No início de fevereiro formou-se em Munique um primeiro acordo entre os movimentos de direita; em 1º de maio cerca de 20 mil nazistas armados reúnem-se na Oberwiesenfeld, a praça de armas, para contrastar com um golpe de força as manifestações dos trabalhadores socialistas, mas a presença maciça do exército previne qualquer tentativa de criar desordens. Em 2 de setembro finalmente, em Nuremberg, cem mil nacionalistas celebram o "dia alemão": ao lado de Hitler aparece o respeitado general Ludendorff, o herói da grande guerra, e funda-se uma nova liga, o *Deutscher Kampfbund*, com o propósito declarado de derrubar a República. Na Turíngia e na Saxônia, entretanto, os comunistas conseguiram participar do governo com os socialistas, enquanto na Prússia as forças nacionalistas do exército (*Reichswehr Negra*) preparam, por sua vez, um golpe de Estado. Nesse momento o governo, baseado no artigo 48 da Constituição de Weimar, proclama o estado de emergência, conferindo plenos poderes ao comandante supremo do exército, Hans von Seeckt. Em outubro, as autoridades militares restabelecem eficientemente a ordem: a conspiração prussiana é logo descoberta e seu inspirador condenado a dez anos de prisão; na Saxônia, a *Reichswehr* dissolve à força a milícia popular vermelha e prende todos os ministros comunistas.

Na Baviera, porém, a situação é mais complicada. Juntamente com o monárquico von Kahr, também o comandante do exército, von Lossow, demonstra não reconhecer a autoridade do governo central; de sua parte, Hitler multiplica seus ataques abertos às instituições republicanas, procurando de todos os modos a aliança com as autoridades locais para o projetado golpe de Estado. Mas von Kahr e von Lossow não têm nenhuma intenção de marchar sobre Berlim: querem, ao contrário, formar um governo local, que separe a Baviera do Reich. A conspiração tem, portanto, dois coloridos contrários: o "Auf nach Berlin" (para Berlim!) de Hitler, e o "Los von Berlin" (fora de Berlim!) dos outros. Hitler decide atropelar os acontecimentos.

Na noite de 8 de novembro, na Bürgerbräukeller, realiza-se um comício concorridíssimo, do qual participam todos os principais expoentes políticos de Munique. Em dado momento, durante a fala de von Kahr, os homens das SA irrompem na sala e instalam as metralhadoras diante da porta. Com a pistola em punho, Hitler adianta-se até a tribuna e, após ter disparado dois tiros para o ar, anuncia que suas tropas ocuparam a cidade; depois seqüestra em uma saleta adjacente von Kahr, von Lossow e von Seisser, o chefe da polícia, e com eles procura encontrar um acordo para continuar a ação. Mas os três não cedem, e Hitler encontra, então, a saída vitoriosa: volta à tribuna e anuncia triunfalmente a formação de um novo governo do Reich, presidido por ele e com Ludendorff e os três "reféns" em postos de alta responsabilidade. A sala explode de entusiasmo. Chega também Ludendorff, e o acordo parece consagrado.

Mas os homens de Hitler não controlam em absoluto a cidade. Só Röhm e a sua tropa ocupam a sede do comando supremo do exército; assim, quando von Kahr e os outros deixam a cervejaria, podem facilmente tomar todas as medidas necessárias para bloquear esse *Putsch* com Hitler, que não querem apoiar. O governo de Berlim é imediatamente avisado da situação, e durante a noite novas tropas são concentradas ao redor de Munique e nos pontos estratégicos da cidade. Em 9 de novembro a tentativa de golpe de Estado já fracassou. A última cartada dos nazistas é o grande cortejo armado em direção da Odeon Platz, com Ludendorff na primeira fila: certamente ninguém ousará atirar contra o herói nacional; sem dúvida, os oficiais e os soldados lhe farão continência, prontos a segui-lo até Berlim. Mas isso não acontece. Na estreita Residenzstrasse, um cordão policial ordena o cortejo a parar; e, em seguida, não sendo obedecido, abre fogo: a ação dura menos de um minuto, mas é suficiente para ferir mortalmente 19 pessoas (entre as quais três policiais) e para dispersar completamente as tropas nazistas. Muitos foram presos no lugar; Hitler consegue fugir, mas é preso dois dias depois na casa do amigo Hanfstängl. O processo para o *Putsch* de Munique começa em 26 de fevereiro de 1924 e dura vinte e quatro dias. Acusados de alta traição sentam-se no banco dos réus, além de Hitler, Ludendorff, Rohm e outros sete personagens menores; von Kahr, von Lossow e von Seisser figuram entre as testemunhas da acusação. O clima está mais sereno em toda a Alemanha, que está saindo da crise econômica e institucional. É a grande oportunidade de Adolf Hitler político: derrotado em praça pública, pode agora falar diante de jornalistas alemães e de todo o mundo, que compareceram numerosos ao processo.

E Hitler vence, mesmo se a corte o condena a 5 anos de prisão numa fortaleza. Hitler defendera, no processo, o seu conceito nazista de uma raça dominante, que teria direito à expansão no *espaço vital* correspondente, de acordo com a geopolítica de Carlos Haushofer.

A fortaleza de Landsburg, para Hitler e os outros quarenta companheiros reclusos, mais do que uma prisão é um hotel de boa categoria: janelas com grades, mas amplas, portas abertas, uma sala de reunião e muitas horas de passeio no jardim. Assim Hitler lê, engorda, fala à sua corte de visitantes, concede entrevistas aos jornais; e começa a ditar seu credo político, *Mein Kampf* (*Minha Luta*). Lá fora, nesse ínterim, depois da proscrição do Partido Nazista, os vários expoentes do movimento se dispersaram: Ludendorff e Strasser entraram em acordo com os nacionalistas do Norte, e nas eleições da primavera, em 1924, seu movimento unitário conseguiu obter cerca de dois milhões de votos e 32 cadeiras no Reichstag; Streicher e Esser, mantendo-se mais próximos das idéias do chefe, fundaram um novo partido, a União Popular da Grande Alemanha; Röhm, finalmente, fundou uma organização análoga às SA, o Frontbann. Mas o único resultado de todas essas ações — conduzidas pelos vários dirigentes nazistas em um clima de viva rivalidade recíproca — foi a quase dissolução do partido. Desse modo Hitler, voltando à liberdade —

condicional — na véspera do natal de 1924, encontra-se diante de dois grandes problemas: a estruturação do movimento sob sua autoridade e a reconquista de uma nova credibilidade política depois do malogro de novembro. O primeiro passo é obter a revogação da ordem de dissolução do partido, o que ocorre após uma entrevista com o primeiro-ministro bávaro Held em 4 de janeiro de 1925. Poucas semanas depois, em 27 de fevereiro, Hitler reúne, na Bürgerbräukeller, os quatro mil fiéis remanescentes e com um inflamado discurso convence-os a retomar a luta política interrompida: bastaram duas horas, e o movimento já voltou inteiramente às suas mãos. Nesse momento Hitler prepara-se para relançar o Partido Nazista nacionalmente. Mas a situação alemã de 1925 é muito diferente da de dois anos antes. A terrível inflação de 1923 foi bloqueada no verão do ano seguinte com as medidas financeiras sugeridas pelo diretor do Banco Central, Hjalmar Schacht, e graças às iniciativas diplomáticas do ministro do Exterior, Gustav Stresemann. Novo clima de distensão estabeleceu-se nas relações internacionais com o acordo sobre o plano Dawes para as indenizações (abril de 1924), enquanto no interior do país já conspícuo afluxo de capitais dos Estados Unidos e da Inglaterra deu início à recuperação econômica. O retorno da confiança encontrou expressão nas eleições para o Reichstag (o parlamento) em dezembro de 1924, assinalando o fortalecimento do centro e a crise dos partidos extremistas (a frente de Ludendorff e Strasser desceu, de fato, de 32 para 14 cadeiras, o Partido Comunista, de 62 para 45 cadeiras).

A nova situação convence Hitler a adotar uma estratégia diferente para chegar ao poder: não mais a revolução armada contra as instituições do Estado, e com a oposição, portanto, do exército, mas a conquista legal do Estado com os meios constitucionais (eleições, governo) e possivelmente com o apoio do exército. Todavia, mesmo mostrando-se com uma aparência tão modesta, o movimento nazista não consegue

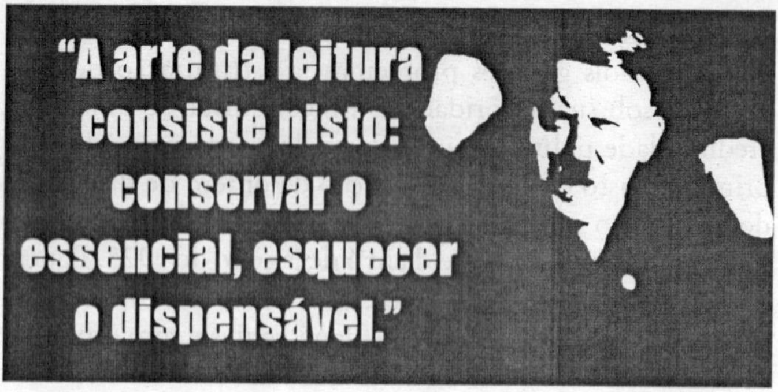

encontrar um lugar na política. Nas eleições presidenciais de março de 1925, convocadas após a morte de Ebert, o partido lança a candidatura de Ludendorff, mas obtém apenas 211 mil votos sobre quase 27 milhões; no segundo turno os nazistas entram no bloco de centro-direita que leva o general von Hindenburg ao mais alto cargo do Estado. Nos anos seguintes, a ordem interna e a paz internacional fazem progressos com a assinatura de importantes tratados; contemporaneamente, a indústria alemã supera com rapidez a crise do pós-guerra, levando a produção ao nível de concorrência com a inglesa; o número de desempregados desce a pouco mais de meio milhão de unidades em 1928, enquanto os salários reais aumentam 10% em três anos (de 1925 a 1928). A vitória dos social-democratas nas eleições de maio de 1928 (mais de 9 milhões de votos) confirma o sucesso dessa política; o Partido Nazista desce para o nono lugar em importância numérica: 810 mil votos e 12 cadeiras, ainda menos que em 1924. Para Hitler, todavia, esse período foi totalmente negativo. Só pôde fazer pouquíssimas aparições em público, por causa da proibição, que lhe havia sido imposta, de fazer comícios em quase todas as regiões alemãs. Em compensação conseguiu organizar, em bases muito sólidas, o partido que, embora perdendo votos nas eleições, cresceu em número de inscritos, ampliando-se territorialmente em todo o Reich e também no exterior (Áustria, Sudetolândia). Em fevereiro de 1926 sanou, dentro do partido, uma fratura que estava preste a se tornar incurável, a do "excessivamente socialista" Strasser e de seu programa "excessivamente radical". Encontrou também um novo assistente, enérgico e talentoso, o ex-secretário de Strasser, o coxo Joseph Goebbels, jornalista, diplomado em filosofia, e o nomeou chefe do distrito "vermelho" de Berlim. Nas horas livres de compromissos de partido Hitler também pode terminar o *Mein Kampf*, permanecendo semanas a fio na *Haus Wachenfeld*, a casa alugada nas alturas de Berchtesgaden, nos Alpes de Salzburgo. Chamou, para servir-lhe de governante, a meia-irmã Ângela, viúva de Raubal, que levou consigo a jovem e bonita filha Geli. Foram vistos freqüentemente juntos, tio e sobrinha, nas ruas em torno de Berchtesgaden — em um enorme automóvel que custou, dizem, 20 mil marcos — ou então nos restaurantes da moda e na ópera de Munique. Esse é um período de euforia, que envolve a maior parte dos alemães, beneficiados por um *boom* econômico que parecia não dever mais ter fim.

Em 1929, controlando os jornais do partido nacionalista de Alfred Hugenberg, Hitler alcançava a audiência de quase toda a nação e proclamava sua fé no soerguimento da Alemanha.

A crise econômica explode inesperadamente em 1929. Parte de Nova York, onde, em outubro, caiu a Bolsa de Valores, e se alastra pelo mundo inteiro com efeitos desastrosos em toda parte. Mas para Adolf Hitler a grande crise foi oportuna. Havia alguns meses o chefe nazista aliou-se aos nacionalistas monárquicos de Alfred Hugenberg, para lançar uma violenta campanha pública contra o plano Young (o novo acordo sobre as indenizações), contra o governo do social-democrata Hermann Müller e sua política exterior. No novo clima de incerteza e desordem social, a ação de Hitler consegue fazer convergir para o partido a adesão de camadas

Hitler (à esquerda) numa trincheira, durante a Primeira Guerra Mundial.

Hitler, em convalescença, depois de atingido por gases asfixiantes, 1916.

O cabo Hitler com dois camaradas e o cachorro Fuchsl.

Hitler condecorado com a Cruz de Ferro.

populares sempre maiores; além disso, a aliança com os nacionalistas, embora concluindo-se negativamente no plano parlamentar, fez chegar aos cofres do NSDAP uma série considerável de financiamentos da parte de alguns setores da grande indústria. Em fins de março de 1930 a crise torna-se também política: a lei de reforma das finanças apresentada pelo gabinete Müller é recusada no parlamento com o voto contrário dos próprios social-democratas, e o governo é obrigado a demitir-se. O novo chanceler Heinrich Brüning, do partido do centro, não teve melhor sorte quando em julho vê recusado pelo Reichstag seu programa anticonjuntural. A essa altura, ao governo só resta proceder com base no artigo 48 da Constituição: a situação é definida como "perigosa" e o presidente da República, valendo-se dos poderes excepcionais, impõe, por meio de um decreto, o programa recusado pelo parlamento. Com isso, consegue em seguida o fechamento do próprio parlamento, em razão da impossibilidade de formar uma sólida maioria de apoio ao governo, e são marcadas eleições antecipadas. A campanha eleitoral desenvolve-se violentamente, entre contínuas lutas de rua. Os comunistas são os mais radicais na exigência de um novo sistema social, internacionalista e anticapitalista, sob o domínio da classe operária. O programa nazista apresenta-se menos rígido e doutrinário, procura adaptar-se a todos os interesses. Precisamente no início do verão, Hitler mandou expulsar do partido a corrente mais combativa da esquerda, aquela chefiada por Otto Strasser (o irmão do outro "socialista" Gregor) e isso tranqüilizou certa parte dos industriais, dispostos a simpatizar com os nazistas, mas temerosos diante de palavras como "nacionalização", muito recorrentes no programa dos irmãos Strasser. Ao mesmo tempo, as palavras de ordem anticapitalistas — que estão, contudo, entre os 25 pontos do programa nazista — conseguem atrair parte dos desempregados, assim como os *slogans* nacionalistas têm penetração na massa dos agrários e dos burgueses arruinados pela crise econômica. As eleições realizam-se a 14 de setembro e assinalam o enorme sucesso dos partidos extremistas: os nazistas sobem de 12 a 107 cadeiras, os comunistas de 54 a 77 cadeiras. Os partidos do centro (católicos, democratas e populares) e a direita nacionalista são os grandes derrotados; em crise estão os social-democratas, embora conservando o primeiro lugar. Hitler logo começa a recolher os frutos de sua grande vitória. Em 23 de setembro é citado como testemunha no processo de Leipzig contra três oficiais acusados de "instigação à violência nazista" no seio do exército e, graças à sua hábil direção e audiência, transforma-se em uma manifestação propagandística de efeito seguro entre as forças armadas. O chefe confirma de fato sua vocação legalista para a conquista do poder — desaprovando com isso a ação dos três jovens simpatizantes processados e, ao mesmo tempo, apresenta-se como o promotor de um exército renovado e poderoso, em grau de expressar as mais autênticas aspirações da nação alemã. A partir desse momento, o núcleo de simpatizante do nazismo começa a alargar-se, também entre os militares, enquanto se verifica uma grande afluência de voluntários às fileiras das SA. Estas voltam (janeiro de 1931) ao comando de Ernst Röhm, que Hitler mandara voltar da Bolívia, e cresceu até alcançar no fim do ano as 300 mil unidades; de Röhm depende também a divisão das SS (*Schutz-Staffeln*; esquadrões de defesa), as guardas pessoais do *Führer*, confiadas ao comando do agrônomo e ex-criador de frangos Heinrich Himmler. Em janeiro entra também no partido o financista Walther Funk, homem de ligação entre os nazistas e o mundo dos negócios. Pouco a pouco o movimento organizou-se como um pequeno Estado: o comando geral está na Casa Morrom, na Briennerstrasse de Munique, onde estão reunidas as várias repartições diretivas (propaganda, finanças, agricultura, forças armadas, etc.) e onde o *Führer* recebe os visitantes em um vasto escritório dominado pelo enorme retrato de Frederico, o Grande. São meses de atividade intensa para Hitler, que se tinha tornado, afinal, um político de primeiro plano. Iniciava uma nova campanha de propaganda contra a República de Weimar. Os compromissos de partido não impedem, porém, de continuar a sua relação com a sobrinha Geli, hospedada em um quarto do grande apartamento de nove cômodos na elegante Prinzregentenstrasse de Munique. Mas justamente nesse quarto Geli Raubal é encontrada morta — com um tiro no peito — na manhã de 18 de setembro de 1931. Esse fato transtorna profundamente Hitler; seu trabalho sofre uma quase paralisação.

Nos útimos meses de 1931 a tensão política agravou-se consideravelmente. Em toda a Alemanha a crise econômica continuou a fazer vítimas entre as classes popular e média da população (em fins de 1932 os desempregados serão mais de 6 milhões), alimentando inúmeros descontentamentos e ressentimentos. As instituições republicanas não tiveram capacidade de enfrentar a situação, enfraquecendo-se sempre mais na busca desgastante e incerta de soluções freqüentemente duvidosas. O parlamento formado nas eleições de setembro de 1930 praticamente jamais funcionou; e o governo resistiu em virtude do permanente estado de emergência. Na prática, o poder concentrou-se nas mãos do restrito círculo de personagens diretamente ligados ao presidente Hindenburg, salientando-se, como mais importante, o general Kurt von Schleicher, o homem incumbido pelo exército de manter relações com o poder político.

Ora, a linha mestra em que se baseia a ação de von Schleicher e de seu grupo é a formação de um governo presidencial decidido e eficiente; para tanto se propõe fazer com que os partidos moderados do centro entrem em acordo com as forças nazistas emergentes, a fim de inseri-las, desse modo, no âmbito da legalidade institucional. É assim que se inicia, a partir de setembro de 1931, toda uma série de contatos e consultas entre Scheicher, Brüning e Hitler; este, a 10 de outubro, é recebido também por Hindenburg. O chefe nazista, porém, visa a altas metas, só aceita compromissos se ele ditar as condições, que se resumem na velada solicitação, para si, do cargo de chanceler. Nessas bases é impossível no momento qualquer acordo. Assim, sem decisão nenhuma, chega-se ao término do mandato presidencial de Hindenburg. Hitler, que no fim de janeiro de 1932 assegurara o precioso apoio da grande indústria renana, decide entrar na competição eleitoral para o mais alto cargo do Reich. A campanha para as eleições desenrola-se acirrada, não excluindo um ou outro golpe da parte dos maiores candidatos que são, além de Hitler, o general Hindenburg para os partidos do centro e os social-democratas, e Ernst Thälmann para os comunistas. As eleições são a 13 de março e confirmam o constante avanço dos nazistas, que chegam a receber quase 11 milhões e meio de votos; não suficientes, todavia, para derrotar Hindenburg, que acaba sendo eleito no segundo turno, em 10 de abril, com 53% dos votos, contra 36,8% de Hitler. Mas esta é apenas a primeira das quatro grandes competições eleitorais que se realizarão na Alemanha, no decorrer de 1932: em 24 de abril as votações na Prússia ampliam as adesões aos nazistas; em 31 de julho, após a demissão do chanceler Brüning e a dissolução do Reichstag, as eleições nacionais marcam o ponto de maior expansão, do partido de Hitler (230 cadeiras conquistadas contra 133 dos social-democratas, as 89 dos comunistas e as nova dissolução do Reichstag imposta pelo chanceler von Papen, as votações registram o primeiro resultado estacionário dos nazistas (196 cadeiras), enquanto os comunistas avançam (100 cadeiras) e continuam a retroceder os social-democratas (121 cadeiras) e os católicos (70 cadeiras). Todavia, apesar do marcante refluxo, os tempos parecem maduros para uma afirmação nazista. Hitler não pode ainda realmente contar com a maioria absoluta, mas também as demais forças políticas não estão em condições de se combinar para construir um sistema estável de governo: os social-democratas e o centro teriam de lutar contra as extremas, nazistas e comunistas; por outro lado, social-democratas e comunistas não têm a menor intenção de firmar um acordo; batem-se, ao contrário, com animosidade sempre crescente. A única solução possível é, portanto, uma aliança entre a direita nacional e os nazistas; e é exatamente isso que se verifica no início de 1933, graças às manobras do novo chanceler, von Schleicher, e do antigo, von Papen, com a conivência interessada de Hindenburg e de seu círculo de *Junkers* (nobreza prussiana) e as recomendações de larga parte da grande indústria: todos congregados pelo medo comum do avanço comunista. A cerimônia oficial se realiza em 30 de janeiro de 1933. Convocado de manhã por Hindenburg, Adolf Hitler é empossado no cargo de chanceler do Reich. Ao sair do palácio, a multidão o recebe com ovação sem fim. À noite, uma interminável marcha *aux flambeaux* percorre as ruas de Berlim, que permanece acordada a noite toda em uma sarabanda impressionante de cantos, de luzes, de cruzes gamadas. Logo a seguir, Hitler lançou-se ao estabelecimento da ditadura absoluta. O incêndio do Reichstag (Câmara Baixa), na noite de 27 de fevereiro de 1933, ensejou-lhe uma desculpa.

À primeira vista a formação do governo Hitler é um sucesso do grupo conservador que conduz a Hindenburg e a von Papen. Mas o projeto desses dois políticos, de controlar Hitler e o nazismo e de torná-los instrumentos para sua própria finalidade, revela-se mera ilusão logo depois de um mês. De fato, o primeiro ato do novo governo é a dissolução do Reichstag e o recurso a novas eleições. Agora que Hitler e Goebbels controlam diretamente a rádio e os jornais — e podem também manobrar a polícia da capital e dos mais importantes centros do país, graças a Göring, nomeado ministro do Interior na Prússia — a campanha eleitoral desenvolve-se em uma única direção. Um único partido, praticamente, se impõe; os outros todos sofrem ameaças contínuas, seqüestros, intimidações. Em 27 de fevereiro de 1933

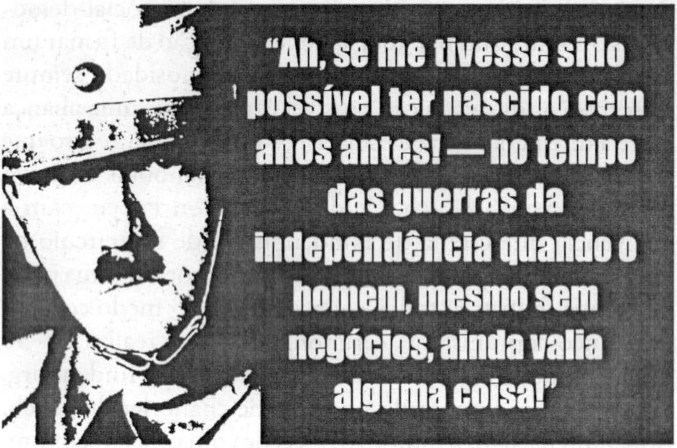

a campanha de violência chega ao ápice com o incêndio do Reichstag: a propaganda nazista lança-se com virulência contra os comunistas, acusados de ter preparado um golpe de Estado; no dia seguinte, Hitler publica um decreto de emergência pelo qual são praticamente anuladas as garantias de liberdade pessoal e social. Contudo, nas eleições de 5 de março, apesar da imponente campanha de persuasão e de intimidação, o Partido Nazista ainda não consegue conquistar a maioria absoluta (288 cadeiras das 647: 43,9%); os social-democratas e os comunistas continuam obtendo sucesso, os primeiros com mais de 7 milhões de votos e 120 cadeiras, os outros com 4,8 milhões de votos e 81 cadeiras. Essas são, porém, as últimas eleições formalmente "regulares" do Reich alemão. A 23 de março Hitler consegue a aprovação no parlamento da chamada "lei mandato constitucional", que confia ao *Füher*, por quatro anos, o poder legislativo. As SA e a polícia de Göring são os maiores defensores da lei, aprovada depois de todos os deputados comunistas e de uma dúzia dos social-democratas terem sido aprisionados ou fugirem, e enquanto as SA, na praça defronte da sede provisória do

Reichstag, gritavam com cadência martelada "Ou a lei ou a morte". As sedes dos partidos e dos sindicatos são repetidamente invadidas, seus fundos roubados, seus jornais eliminados. Desenvolve-se desde o início, com excepcional determinação, o expurgo nas administrações e nas repartições públicas de todos os elementos perigosos para o regime — marxistas, democratas, judeus. Em três meses todos os partidos, exceto o nazista, foram proscritos ou se dissolveram "espontaneamente", e a mesma sorte coube aos sindicatos. Em 20 de maio uma nova lei pôs fim ao sistema de contratação direta entre operários e patrões, em favor da fixação de contratos coletivos, estipulados agora diretamente pelo governo. Esvaziou-se também o sistema federal do Reich com a criação de novos funcionários (Reichsstatthalter) que substituem na prática as autoridades eletivas locais.

O que não mudou foi a situação da economia alemã, sua profunda crise, testemunhada pela existência de aproximadamente 6 milhões de desempregados. Hitler, nesse sentido, logo estancou a revolução, de conformidade com as idéias divulgadas com freqüência no passado: nada de nacionalizações, nada de reforma agrária, mas salários bloqueados e encaminhamento de uma política de intervenção pública; tudo isso, mediante a colaboração de um Conselho Geral de Economia, no qual foram reunidos os mais poderosos industriais e homens de negócio alemães, de Thyssen a Bosch, de Krupp a Siemens.

Não mudou também a atitude do exército, o qual, após ter favorecido a nomeação do Gabinete Hitler por razões táticas, aos poucos se aproximou do novo regime também ideologicamente, promovendo a postos de comando homens de indiscutível fé nazista, como o ministro da Defesa, Werner von Blomberg, e, a partir de janeiro de 1934, o novo comandante supremo da Reichswehr, Werner von Fritsch. Nas relações internacionais, por fim, Hitler entra no cenário político mundial por meio da conclusão da Concordata com a

Igreja católica (20 de julho de 1933), uma espécie de atestado "de confiança" para o novo regime.

Sob as cinzas da ordem e da confiança oficiais, arde em diversas formas o fogo da insatisfação e da revolta contra o regime, nas fábricas, nas escolas, em muitas organizações sociais. O movimento operário sofreu, de início com incredulidade e em seguida com impotência, a destruição de todas as suas organizações de massa, partidos, sindicatos, jornais: mas, após os primeiros meses de temerosa incerteza, a resistência começou a agir clandestinamente nos locais de trabalho. Os episódios de violência já haviam obrigado muitos artistas e intelectuais democratas a abandonar a Alemanha, mas alguns permaneceram em seu lugar, nas universidades e nos centros culturais, para levar adiante a oposição subterrânea. É, no entanto, nas próprias fileiras nazistas que se avoluma o descontentamento mais profundo — bastante ambíguo e desordenado — contra o novo regime. Para a esquerda do partido e para as SA o aniquilamento dos marxistas foi tão-somente a primeira parte da revolução, que agora deve dirigir-se com o mesmo rigor contra a direita conservadora que domina o país: os grandes industriais e os *Junkers*, seus representantes políticos reacionários e a casta dos oficiais prussianos.

Também entre estes, mas por motivos opostos, começa a manifestar-se certa insatisfação: entre os ministros conservadores do Gabinete Hitler, reduzidos a simples executores do *Führer*; entre as altas patentes militares, que se encontram diante da concorrência de Röhm e das suas SA — dois milhões de homens armados. Todas essas contradições explodem na primavera de 1934, quando um novo problema surge no cenário político: a nomeação iminente do novo presidente do Reich, em razão do agravamento da doença de Hindenburg. Nesse momento Adolf Hitler enfrenta uma escolha indeferível. De um lado, estão as SA e os militantes da esquerda do partido que exigem em alta voz o início da "segunda revolução"; de outro, as forças econômicas e o exército que reclamam o fim da desordem social — em outras palavras, a extinção das SA —, oferecendo em troca seu beneplácito para a eleição de Hitler como presidente. Entre as duas alternativas, o *Führer* escolhe a segunda. O acerto de contas com as SA e com os opositores do regime ocorre a 30 de junho de 1934, a "noite dos facões". Hitler em pessoa, ladeado pelo fiel Goebbels, guia as operações de captura de alguns chefes das SA reunidos em Bad Wiesse, uma cidade de veraneio nos Alpes, ao sul de Munique, enquanto em Berlim Goring e Himmler detêm e fuzilam outros chefes das SA. A versão oficial dirá que se tratou de uma operação de emergência para frustrar uma tentativa de golpe de Estado. Na realidade, muitas das vítimas não tinham, com certeza, atitude de "conspiradores" no momento da captura: Röhm estava deitado, bastante embriagado, com um amigo; von Schleicher e Gregor Strasser estavam tranqüilamente em sua casa. Um mês mais tarde, quando da morte de Hindenburg, na manhã de 2 de agosto, já está tudo pronto para a sua sucessão: os cargos de presidente e de chanceler do Reich são entregues nas mãos do *Führer* e a ele a Reichswerhr presta juramento. Desse momento em diante, definitivamente fragmentados o sistema democrático e a oposição interna ao nazismo, a história de Adolf Hitler e da Alemanha serão uma coisa só. Entre 1933 e 1939, completou a instauração do regime nazista no país, arregimentando o povo germânico e, especialmente, a juventude, para a conquista do ambicionado *espaço vital*.

Enfim dono incontestado da Alemanha, Adolf Hitler empreende seu plano. É um programa extremamente claro e linear, já mais de uma vez ilustrado pelo *Führer* no *Mein Kampf* e também em inúmeros discursos. O primeiro passo será o de reafirmar a posição de prestígio da Alemanha no plano internacional; em seguida deverão ser reunidos em um único Reich todos os povos de raça alemã: toda a Áustria, portanto, e as minorias étnicas da Tchecoslováquia, da Polônia e da França; o novo Reich, finalmente, deverá conseguir o *espaço vital* de que necessita para a própria existência (*Lebensraum*), e isso em prejuízo dos povos eslavos, que ocupam vastos e ricos territórios do Leste europeu. Evidentemente, para realizar tal programa, a Alemanha deverá logo começar a fortalecer-se, de maneira a poder dispor em curto espaço de tempo de um potencial militar muito superior ao que possui atualmente. Essa é a causa da dúplice diretriz que Hitler impõe à sua política. No interior do país inicia um programa econômico visando quase exclusivamente à expansão da produção e dos materiais bélicos: anuncia-se, por exemplo, a construção de um "carro do povo" (o *Volkswagen*), mas na realidade a indústria automobilística e a mecânica em geral são solicitadas a produzir quase exclusivamente automotores e veículos de guerra; inicia-se em seguida a construção de uma ampla rede de ferrovias e de auto-estradas, mas com objetivos sobretudo estratégicos, isto é, tendo em vista imponentes movimentos de tropas. No exterior, ao contrário, para ganhar tempo, Hitler oferece a visão de uma Alemanha produtiva e pacífica, preocupada somente em melhorar seu nível social para reencontrar, assim, na Europa, seu lugar de nação civilizada, em plano de paridade perfeita com as demais potências. Já fazia alguns anos, a Inglaterra havia demonstrado apreciar essa reabilitação da Alemanha no continente; e isso em contraste com a sua aliada França, que se esforçava para manter sua posição de supremacia, seja armando um poderoso exército, seja estabelecendo contatos diplomáticos com alguns Estados do oriente europeu. De sua parte, a Itália viu com simpatia o papel desempenhado na Alemanha pelo partido de Hitler, mesmo depois da crise provocada pelos sangrentos acontecimentos de julho de 1934, quando em Viena os nazistas tentaram um golpe contra o chanceler filofascista, Engelbert Dollfuss (assassinado naquela ocasião). Nesse quadro internacional tão favorável à Alemanha,

O líder nazista, de calções de couro típicos da Baviera, durante uma estada nas montanhas.

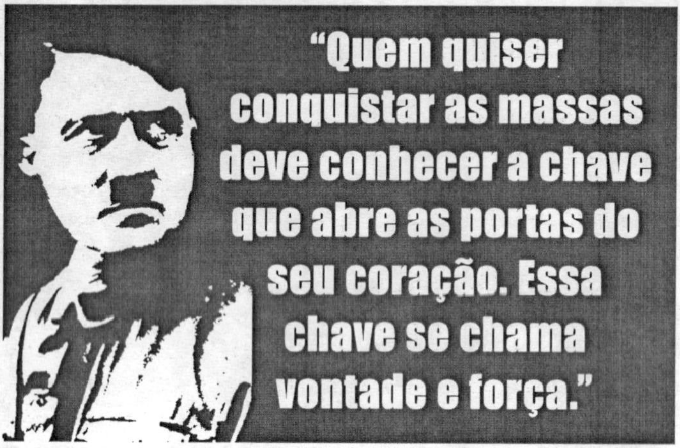

Hitler consegue facilmente realizar seu desígnio político. Em outubro de 1933, quando o *Führer* anunciou a retirada da Alemanha da Sociedade das Nações, a Inglaterra se apressou em dar crédito às justificativas alemãs (segundo as quais a culpa cabia à recusa da França em assumir compromissos sobre o desarmamento). O mesmo ocorre em março de 1935 por uma questão bem mais importante: de fato, Hitler denuncia o Tratado de Versalhes e proclama oficialmente o rearmamento da Alemanha. O pretexto é dado mais uma vez pelas recentes medidas militares da França, e novamente as potências ocidentais não vão além de reclamações formais; a Grã-Bretanha chega mesmo a estipular um tratado em separado com a Alemanha sobre o rearmamento naval (junho de 1935). E quando, em 1936, Hitler joga a carta mais perigosa de todo o seu jogo diplomático, procedendo à ocupação da Renânia (desmilitarizada após o Tratado de Versalhes), mais uma vez trovejam apenas as notificações dos protestos oficiais: a França mobiliza tropas para a fronteira, os alemães ficam apreensivos, mas ninguém abre fogo. Assim, o ano de 1936 é um ano de sorte para Hitler, que celebra pomposamente seu triunfo diante do mundo inteiro, por ocasião das Olimpíadas de Berlim. A Alemanha voltou ao rol das grandes potências e uma nova estrutura se delineia na Europa: de um lado, o eixo Roma-Berlim, que se consolidou depois do empreendimento italiano na Etiópia e da deflagração da guerra civil na Espanha; de outro, a França, que buscou a aliança com a Polônia, a URSS e a Tchecoslováquia; e enfim a Inglaterra, em uma posição de mutável e difícil equilíbrio.

O ano de 1937, inteiro, transcorre sem particulares sobressaltos. Pode até parecer bem-sucedida a política inglesa de *appeasement* (acomodação) no que se refere aos irrequietos regimes fascistas. Contudo, é num dia de novembro de 1937 que Hitler decide passar à segunda parte de seu programa: em uma reunião secreta anuncia a seus colaboradores as etapas e as modalidades da futura política de guerra. Têm então início os movimentos nazistas nos vários países, procurando minar-lhes a capacidade de resistência, pela ação da *quinta-coluna*.

É a Áustria o primeiro Estado europeu que cai nas mãos de Hitler. Dessa vez, a ação não é improvisada, como em 1934, mas acertada até os menores detalhes com a quinta-coluna nazista de Viena. Na realidade, estando o eixo Roma-Berlim solidamente consolidado, as possibilidades de manobras do governo austríaco haviam se reduzido aos mínimos termos: de fato, Mussolini está cada vez menos disposto a garantir, com a sua proteção, a independência da pequena nação alemã. No início de 1938 a ação se precipita, depois da descoberta, em Viena, de planos nazistas para a conquista do poder pela violência. O chanceler austríaco Kurt von Schuschnigg pede audiência a Hitler, e o encontro se realiza em 12 de fevereiro, na residência do *Führer* em Berchtesgaden. É um ultimato: ou o governo austríaco consente em conceder parte do poder aos nazistas, ou as tropas do Reich invadirão a Áustria. Só resta a von Schuschnigg aceitar a primeira alternativa; mas na noite de 8 de março joga sua última carta: promove um plebiscito para o dia 13, domingo, no qual os eleitores deverão indicar se querem permanecer independentes ou não. A manobra toma Hitler de surpresa, mas ele reage prontamente. Sob a ameaça de uma invasão imediata, von Schuschnigg é obrigado a demitir-se. Dada a recusa do presidente austríaco de nomear, como novo chanceler, o filonazista Seyss-Inquart, as tropas alemãs cruzam a fronteira, a 12 de março, a pedido do próprio ministro Seyss-Inquart e com o beneplácito de Mussolini. Poucas horas mais tarde, Hitler entra triunfalmente em Linz, e no dia seguinte (o dia do plebiscito) o governo austríaco promulga um decreto que começa com estas palavras: "A Áustria é uma província do Reich alemão...". Depois da Áustria é a vez da Tchecoslováquia. Neste caso, o pretexto para a intervenção foi fornecido a Hitler pela presença da maciça minoria alemã na região dos Sudetos. No verão de 1938, o problema torna-se de interesse internacional. Hitler tem a seu favor os governos italiano, húngaro e polonês; contra si, teoricamente, a França e a URSS, ligadas à Tchecoslováquia por um pacto de assistência mútua, e a Inglaterra. Mas o governo conservador inglês acredita que a única maneira de manter a paz seria a de favorecer as pretensões hitleristas de anexação e de ocupação militar imediata dos Sudetos. Em setembro, o *premier* britânico Neville Chamberlain encontra-se por duas vezes com Hitler, chegando-se, com a mediação de Mussolini, aos acordos de Munique: a 1º de outubro de 1938 as tropas da Wehrmacht (assim se denomina o exército, após 1935) entrarão na Tchecoslováquia, tomando posse de todas as linhas fortificadas e de aproximadamente 18 mil km^2 de território; a Polônia e a Hungria anexarão cerca de 8 mil km^2 de território tchecoslovaco. Os passos que se seguem são de uma simplicidade elementar para Hitler e de uma desconcertante dramaticidade para as potências ocidentais, convencidas de terem pago em Munique (mas não de seu próprio bolso) o último tributo à voracidade do *Führer*. Suas manobras políticas não mais teriam sucessos pacíficos.

No entanto, na noite de 14 para 15 de março de 1939, após um atormentado colóquio, em Berlim, com o *premier* tcheco Hácha, Hitler consegue a entrega da Tchecoslováquia. No dia 15 as tropas alemãs entram em Praga.

Do castelo Hradscin, Hitler proclama (16 de março) a constituição dos protetorados da Eslováquia, da Boêmia e da Morávia: a Tchecoslováquia desaparece do mapa.

Depois da Tchecoslováquia, a Polônia. Mas, desta vez, ninguém se ilude que a façanha seja bem-sucedida sem o troar dos canhões. Hitler volta a tentar a tática já empregada com êxito no passado: dá início a uma ampla campanha propagandista sobre os supostos maus-tratos sofridos pelas minorias alemãs na Polônia e na cidade livre de Danzig; e pleiteia, a seguir, um acordo sobre esses problemas. Os aliados ocidentais, porém, não parecem dispostos a ser os procuradores das pretensões de Hitler — como o haviam sido, no ano anterior, junto ao governo de Praga. Transcorrem, assim, alguns meses de calma aparente, marcados, na realidade, pela consolidação dos opostos sistemas de alianças mundiais: de um lado, o eixo Roma-Berlim se fortalece com a assinatura do Pacto de Aço entre a Itália e a Alemanha (22 de maio) e com a vitória dos franquistas na Espanha; de outro, as democracias ocidentais reafirmam sua solidariedade à Polônia, apoiadas pelos Estados Unidos, onde se manifestaram as primeiras preocupações pela política agressiva do Japão e da Alemanha. E a União Soviética? Esse país teme as duas formações: a nazifascista, que se valeu do antibolchevismo como uma de suas mais poderosas e corrosivas armas, e a das democracias ocidentais que, por ocasião dos acontecimentos na Tchecoslováquia, demonstrou não se opor ao desejo expansionista de Hitler em direção ao Leste. Se houvesse uma coligação dos dois blocos seria o fim da Rússia; portanto, Stalin deve escolher um deles como aliado. Em agosto, em Moscou, desenvolvem-se entendimentos em ambas as frentes. Hitler, que visa a isolar a Polônia de seus aliados, é quem tem mais pressa: por isso, em 23 de agosto de 1939 foi assinado em Moscou o pacto de não-agressão russo-alemão, um acordo evidentemente tático, mas que surpreende o mundo. Nesse momento o *Führer* pode iniciar as operações. Não o desencoraja a decidida reafirmação, da parte da Inglaterra, do pacto com a Polônia; não o dissuadem nem a mensagem de Mussolini, comunicando-lhe a impossibilidade de uma sua imediata intervenção, nem a tácita contrariedade de muitos generais e chefes nazistas, temerosos do poderio anglo-francês. As iniciativas diplomáticas empreendidas por Hitler em fins de agosto para abrandar a posição inglesa e polonesa servem-lhe mais como proteção para disfarçar até o último instante o plano que ele havia preparado desde o mês de abril. A 31 de agosto, na fronteira polonesa, sucedecem alguns incidentes, simulados por agentes alemães da Gestapo: é a desculpa para a agressão que se inicia às 5h45 do dia seguinte. Em 3 de setembro de 1939 a Grã-Bretanha e a França declaram guerra à Alemanha: quando Hitler deixa Berlim para dirigir-se a seu quartel-general no *front*, o povo não aplaude. Bastam três semanas para obrigar a Polônia a ajoelhar-se e, no fim do mês, ela não existe mais. Também a União Soviética se apoderou de uma parte de seu território.

Os primeiros anos da guerra são um canto de vitória para os exércitos de Hitler. Na primavera de 1940 os nazistas lançam-se inicialmente ao norte, contra a Dinamarca e a Noruega (9 de abril), e em seguida a oeste contra a Holanda, a Bélgica e a França (10 de maio). A máquina de guerra alemã move-se dentro de uma perfeita e afortunada escolha de tempo e por meio de ações baseadas na velocidade de execução. A surpresa é justamente o fator decisivo da vitória no norte (a Noruega se entrega nos primeiros dias de junho), enquanto, contra a França, são decisivas as rápidas operações das divisões blindadas no *front* das Ardenas. Dois dias após o primeiro assalto, os *Panzer* de Hitler rompiam as linhas francesas e penetravam no interior — quase sem encontrar resistência —, convergindo em seguida para a costa norte. Dessa maneira, o grosso dos franceses e o corpo expedicionário inglês, empenhados na Bélgica, estavam encurralados, e somente graças à famosa retirada de Dunquerque puderam ser em grande parte evacuados para a outra margem da Mancha. Em 10 de junho, quatro dias antes da queda de Paris, também a Itália entrava na guerra, para participar da vitória do Eixo. A assinatura do armistício com a França deu-se a 22 de junho em Compiègne, no mesmo vagão ferroviário em que, a 11 de novembro de 1918, o marechal Foch ditara aos alemães as cláusulas da rendição. Adolf Hitler mantinha assim sua mais solene promessa: vingar a humilhação de 1918. A essas alturas, a guerra no Ocidente está, para o *Führer*, praticamente concluída. Sem bases no continente, a Grã-Bretanha não poderá resistir por longo tempo: para esse país seria até mais conveniente tratar logo com os vencedores a assinatura de uma paz justa. Mas os ingleses não cedem nem às astúcias diplomáticas nem aos ataques aéreos, desfechados cada vez mais encarniçadamente contra suas cidades. O comando alemão intensifica por algumas semanas os preparativos da *Operação Leão-Marinho* (*Sea-Lion*, isto é, a invasão da Inglaterra); no entanto, parece que o *Führer* é o primeiro a não acreditar no empreendimento. É provável que todas essas manobras servissem como armas psicológicas, a fim de obrigar os ingleses a tratar, se era verdade que Hitler já havia dado início, há algum tempo, aos preparativos da *Operação. Barba-Roxa*, isto é, à invasão da URSS.

Abre-se, assim, um ano de intensas e complexas manobras no campo diplomático e militar. Hitler, porém, é tão hábil e felizardo nas campanhas bélicas quanto ineficiente e trapalhão nas negociações políticas. Dono, na prática, de metade da Europa, esforça-se para instalar nesses territórios um sistema de governo semelhante àquele instaurado na Alemanha, em que todo poder militar e político esteja centralizado nas mãos do *Führer*. Nesse âmbito, é reservada, aos países aliados dos nazistas, uma autonomia cada vez mais limitada, com conseqüências bem pouco felizes. Mussolini, sobretudo, não consegue resignar-se a um papel secundário nos acontecimentos europeus: assim, quando o colega alemão procede, sem informá-lo, à ocupação da Romênia, o *Duce* inicia, em fins de outubro, a ocupação da Grécia. É uma operação arriscada por dois motivos: não está incluída no plano estratégico do Eixo, pois no momento é preferível evitar complicações com a URSS (muito sensível à situação dos Bálcãs) e é de muita responsabilidade para as forças italianas, que já se encontram em dificuldades em suas operações na África contra o Egito. Outros problemas surgem para Hitler no setor espanhol, em que Franco se recusa, habilmente, com contínuos adiamentos, aos pedidos do *Führer* para entrar na guerra a seu lado. E mesmo o governo colaboracionista francês do general Pétain, tão pródigo de promessas, consegue, em parte, subtrair-se às tarefas de que Hitler desejaria incumbi-lo.

Mas na primavera de 1941 Hitler se vinga pelas armas. Suas tropas blindadas entram na Iugoslávia a 6 de abril e, em onze dias, obrigam-na à capitulação; no dia 27 do mesmo mês os *Panzer* alemães estão em Atenas, reunindo-se às tropas italianas; na mesma época as forças do Eixo, no norte da África, comandadas por Rommel, rechaçam os ingleses até a fronteira egípcia; entre 20 e 27 de maio os pára-quedistas alemães ocupam Creta. Talvez tivesse sido suficiente um pequeno empurrão para a Inglaterra cair de joelhos. Mas Hitler nesse momento se detém: agora quer dar início, finalmente, à *Operação Barba-Roxa*. A investida das colunas nazistas contra a Rússia começa em 22 de junho e apanha Stalin de surpresa: após menos de um mês, os alemães conquistam Smolensk, a cerca de trezentos e cinqüenta quilômetros de Moscou e a mais de setecentos quilômetros da base de partida. Hitler prevê que até fim de setembro a Rússia será sua.

O longo e rígido inverno russo bloqueia os três exércitos nazistas à curta distância dos respectivos objetivos: Stalin-

“Quem quiser viver é constrangido a matar. Martelo ou bigorna. Minha intenção é preparar o povo alemão para ser o martelo.”

grado, Moscou e Leningrado. Hitler, já comandante supremo das forças armadas, assumiu agora também o cargo específico de chefe da Werhrmacht. Está envelhecido, desgastado mais pelo estresse nervoso do que pela idade. Permanece quase sempre em seus quartéis-generais de Rastenburgo (o “covil do lobo”), na Prússia oriental, ou de Vinnitsa, na Ucrânia, e suas idas a Berlim, Munique e Berchtesgaden são cada vez mais raras. Em 6 de dezembro de 1941 os russos desfecham a primeira ofensiva pesada, e é a primeira derrota séria do Reich. No dia seguinte, o inesperado ataque japonês à base naval de Pearl Harbour leva os Estados Unidos a entrarem na guerra. O ano de 1942 é o ano-chave. Estimulada pelo novo ministro do Armamento, Albert Speer, a Alemanha eleva ao máximo seu esforço de produção, explorando com determinação cada vez mais brutal os recursos industriais e humanos dos territórios ocupados: Polônia, Rússia e Bálcãs, França, Países-Baixos, Dinamarca e Noruega. A partir desse momento, intensifica-se a deportação em massa dos trabalhadores estrangeiros para as fábricas do Reich, a exploração, nos campos de concentração, dos prisioneiros de guerra e dos judeus, e o seu extermínio sistemático. No verão de 1942, Hitler comanda a nova ofensiva na Rússia; no norte da África, as tropas de Rommel invadem o Egito e ocupam El Alamein (fim de junho); no Oceano Atlântico, as frotas submarinas espalham a destruição entre os navios inimigos; em 23 de agosto, Stalingrado está à vista

Hitler numa reunião dos primeiros tempos do Partido Nazista, em Munique. Gregor Strasser está sentado à direita de Hitler.

Hitler, deixando uma reunião partidária, por volta de 1922.

da coluna do general von Paulus. Mas, sempre em 1942, as esquadrilhas aéreas aliadas chegam aos céus alemães para bombardear as cidades e os centros industriais do Reich (a primeira incursão dá-se a 31 de maio, sobre Colônia); e, enquanto Hitler continua concentrando, na imensa frente russa, a maior parte das forças, suas e de seus aliados balcânicos, os anglo-americanos contra-atacam eficientemente ao sul, no setor do Mediterrâneo. Em fins de outubro, as tropas inglesas do general Montgomery rompem as linhas do Eixo em El Alamein; a 8 de novembro as forças aliadas desembarcam no Marrocos; em Stalingrado (19 de novembro) os russos desfecham o contra-ataque.

É a virada decisiva da guerra. Hitler ordena a seus generais que continuem resistindo, que não abandonem por motivo algum as posições conquistadas. Mas a iniciativa já lhe escapara das mãos. Não soube aproveitar, quando existiam, as oportunidades mais favoráveis: em 1940, quando os ingleses escaparam aos seus soldados, em Dunquerque; em 1941, quando as posições inglesas no Mediterrâneo estavam prestes a ceder. Cometeu, ainda, verdadeiros erros estratégicos na Rússia, repetindo por duas vezes consecutivas a mesma manobra: isto é, dispersou suas tropas ao longo de uma vastíssima frente, em lugar de concentrá-las numa única direção, ampliando assim as operações, no espaço e no tempo, e tornando impossível o reabastecimento. Agora são os inimigos do Eixo que atacam, e Hitler deve defender-se: em novembro de 1942 o *Afrika Korps* de Rommel inicia a longa retirada que terminará na Tunísia com a rendição, entre 5 e 13 de maio de 1943; em 31 de janeiro de 1943 o VI Exército de von Paulus rende-se em Stalingrado, após mais de dois meses de resistência; no fim da primavera, também o sucesso dos submarinos se acaba, depois que os aliados equiparam com o radar suas defesas anti-submarinas e antiaéreas.

O ano de 1943 é mais trágico para os judeus prisioneiros dos alemães. Entrementes, amadurece no *front* militar a derrota do Eixo. A primeira a ceder é a Itália, onde o regime fascista começou a desmantelar-se após as primeiras derrotas de 1941. Em 25 de julho de 1943 o Grande Conselho do partido dá um voto de confiança a Mussolini, e poucas horas mais tarde ele é detido: um novo governo é constituído pelo general Pietro Badoglio, apoiado pelo exército e pela coroa. Essa notícia pega Hitler de surpresa, mas logo providencia as medidas necessárias. Imediatamente as forças alemãs na Itália apresentam-se para bloquear as tropas italianas, no caso provável de solicitarem um armistício em separado. Isso, de fato, ocorre a 8 de setembro, por ocasião do desembarque dos anglo-americanos em Salerno; mas para os nazistas, comandados por Kesselring, torna-se afinal bastante fácil neutralizar o desbaratado exército italiano e deter os adversários logo ao norte de Nápoles.

Alguns dias mais tarde, a 12 de setembro, um pelotão de alemães liberta Mussolini de seu cárcere em Campo Imperatore (Gran Sasso). É muito importante para Hitler ter junto de si o colega ditador: coloca-o, com efeito, à testa de um novo Estado, na Itália, a República de Saló, para demonstrar que o aliado voltou firme ao seu lugar e para sustar, desse modo, a prevista desagregação do Eixo na Europa. Nas outras frentes, durante todo o verão, o exército alemão consegue isolar eficazmente as operações adversárias. No outono, porém, as tropas soviéticas iniciam a grande ofensiva que as conduzirá, no ano seguinte, às fronteiras da Bulgária e da Romênia; nesse ínterim, os anglo-americanos continuam avançando, na Grécia e na Itália; no Atlântico, a batalha dos submarinos está praticamente concluída com a derrota das embarcações alemãs; e os ataques aéreos sobre a Alemanha tornam-se sempre mais freqüentes e destruidores.

Durante todo o ano de 1944, todavia, Hitler continua tendo esperanças na vitória. Suas condições físicas pioraram, seu estado nervoso é cada vez mais instável. Iludira-se, em 1941, pensando que suas tropas seriam recebidas, na Rússia, como libertadoras e que o sistema socialista se fragmentaria, assim; mas o próprio sistema brutal de governo, adotado pelos nazistas nos territórios ocupados, tinha dissipado essa possibilidade, se é que existia. Agora o *Führer* confia, não só nas armas secretas (V-1, V-2, aviões a jato), mas também na fragilidade da coalizão adversária (Estados e ideologias tão diferentes que não podem, de maneira alguma, concordar a respeito dos grandes temas do futuro arranjo do mundo). E por isso, durante mais algum tempo, acaricia a esperança de poder concluir uma paz em separado com as potências ocidentais, podendo em seguida, finalmente, empregar todas as suas forças na imensa frente oriental.

No verão de 1944, porém, a situação está definitivamente comprometida para as forças do Eixo. A 6 ele junho, os anglo-americanos realizam o desembarque na Normandia, tomando as tropas de Rommel de surpresa, e em fins de julho, graças a uma manobra de cerco, haviam-nas praticamente expulsado do resto da França; na frente russa, simultaneamente, as tropas soviéticas já haviam entrado na Romênia, na Bulgária e na Polônia; na Itália, enfim, os aliados tinham já tomado Roma, desde 4 de junho, enquanto a luta da "resistência" havia em grande parte se intensificado nas regiões Centro-Norte, bem como na França, na Iugoslávia e em todos os países ocupados pelos exércitos da Wehrmacht.

Em 20 de julho de 1944, no auge da crise bélica, a oposição interna ao nazismo tenta derrubar o regime. O *Putsch* tem como finalidade o assassínio de Hitler; depois, em Berlim e em Paris, alguns chefes do exército formarão novo governo que logo entabulará negociações de paz com os aliados. Naquele dia, pois, o coronel Klaus von Stauffenberg dirige-se ao quartel-general de Hitler, carregando uma bomba na pasta de couro; senta-se a pouco mais de dois metros à direita do *Führer* e apóia a pasta junto da maciça perna da mesa; depois sai do *bunker*, com uma desculpa qualquer. A explosão é terrível, mas, poucos instantes após, Hitler sai cambaleando, incólume, da devastação e da fumaça do incêndio. Quando chega a Berlim a notícia de que Hitler não morrera, os conjurados ficaram consternados e sem ação. A vingança do *Führer* é tremenda: em poucos dias, todos aqueles que, de um modo ou de outro, são considerados contrários ao regime são presos e mortos: uma lista não definitiva conta 4.980 vítimas certas.

Depois do atentado de 20 de junho, as condições físicas de Hitler pioram sensivelmente. Assiduamente vê-se obrigado a guardar o leito por causa de enxaquecas, tremores nos braços e nas pernas, cãibras no estômago sempre mais freqüentes, distúrbios de garganta; assiste-o um médico de aparência bastante equívoca, o dr. Morell, que recorre a tratamentos intermináveis à base de entorpecentes.

No fim do ano a Alemanha está cercada por uma morsa de aço: os anglo-americanos chegaram ao Reno, em setembro; os russos, na frente oposta, alcançaram Budapeste, ao sul, e ultrapassaram Varsóvia, ao norte. Restam poucos contingentes de tropas alemãs na Itália, nos Bálcãs, nos Estados bálticos e na Noruega, inexoravelmente isolados, mas obrigados a resistir por ordem do *Führer*. Nesse momento ele tenta jogar sua última carta: necessita de uma vitória de prestígio que lhe permita tratar a paz em uma base menos desastrosa do que a “rendição incondicional” exigida pelos adversários. Por isso, em 31 de agosto proclama a mobilização total: são recrutados todos os homens, de quinze a sessenta anos, ao mesmo tempo em que o ministro Speer consegue espremer das fábricas semidestruídas do Reich uma quantidade de armamentos até superior à do primeiro semestre de 1944. Partindo das Ardenas em direção a Antuérpia, em 16 de dezembro as divisões blindadas nazistas conseguem, surpreendentemente, romper as linhas aliadas e penetrar por vários quilômetros em território francês; mas já antes do natal os anglo-franceses desfecham o contra-ataque, e para os nazistas não há mais nada a fazer. Em 27 de janeiro os exércitos russos guiados por Zukov cruzam o Ôder: a próxima e última etapa será Berlim. Decorrem dessa maneira dois meses de preparativos intensos de ambas as partes, uma espécie de trégua — bastante relativa — na espera da batalha final. Hitler havia agora entendido que perdera a guerra e entende que também para ele não há esperanças: mas, nesse momento, quer que toda a Alemanha sucumba com ele. A 19 de março ordena que, diante do inimigo, se deixe a "terra queimada", de modo que nada permaneça de pé desde que o *Führer* e a nação sejam derrotados. Hitler passa agora seus dias no *bunker* da Chancelaria de Berlim. Com ele está Eva Braun, que na hora derradeira quis ligar a ele seu destino.

Quando os exércitos russos chegam à periferia de Berlim, inicia-se a crônica dos últimos dias do *Führer* e do Terceiro Reich.

20 de abril de 1945. Adolf Hitler completa cinqüenta e seis anos, e pela última vez todos os chefes nazistas se reúnem ao *Führer* para cumprimentá-lo; além de Martin Bormann, o onipotente secretário do partido, estão presentes Göring, Goebbels, Himmler, Speer e Joachim von Ribbentrop, o ministro do Exterior. A conversa gira em torno de vários assuntos, mas o foco de toda preocupação é este: o *Führer* tomará a decisão de deixar Berlim para o mais seguro refúgio de Berchtesgaden? Hitler, com decisão, responde que não. Recusa-se até mesmo a sair do *bunker* para tomar um pouco de ar: os canhões da última batalha ribombam nas proximidades do edifício.

21 de abril, sábado. O *Führer* acorda sobressaltado com os disparos da artilharia soviética martelando o centro da cidade. Imediatamente Hitler ordena um contra-ataque que jamais se realizará.

22 de abril, domingo. Após uma injeção estimulante, aplicada por Morell, Hitler recebe o habitual relatório dos generais (entre outros há Dönitz, Keitel e Jodl). Mas bem em meio à reunião Hitler explode em uma série de acusações,

dirigidas contra todos e contra tudo, e conclui anunciando que se matará com um tiro de revólver.

23 de abril, segunda-feira. Hitler envia Keitel e Jodl para Berchtesgaden sem nenhuma instrução: chega ao *bunker*, para a despedida final, o ministro Speer, que confessa abertamente ao *Führer* não ter dado cumprimento integral à ordem de "arrasar tudo": Hitler, no entanto, mostra-se sereno. Enquanto, no mundo, se espalha a notícia de que o *Führer* permanecerá em Berlim até o final dos acontecimentos, Himmler encontra-se com o conde sueco Bernadotte, em Lübeck, para propor aos anglo-americanos a paz em separado.

24 de abril, terça-feira. De madrugada, chega uma carta de Göring, onde o Reichsmarschall declara-se pronto a tomar o lugar do *Führer*. Hitler se enfurece e exonera Göring de todos os cargos, por alta traição.

27 de abril, sexta-feira. Hitler distribui ampolas de cianureto a todos os companheiros fiéis que permaneceram na Chancelaria: discutem como se deve preparar o suicídio coletivo, enquanto o *bunker* é sacudido pelos tiros da artilharia pesada soviética. A resistência, na cidade, está no fim.

28 de abril, sábado. Agências de informação espalham a notícia das negociações de Himmler (sem nenhum êxito) para concluir uma paz em separado. Na Chancelaria é fuzilado Fegelin, o representante de Himmler. Himmler é declarado traidor e condenado à morte. Existe ainda a possibilidade de uma fuga por meio de um avião, mas o *Führer* recusa a proposta.

29 de abril, domingo. Entre uma e três horas da madrugada, Hitler casa-se com Eva Braun. A cerimônia, tendo Bormann e Goebbels como testemunhas, é rápida. Abrem-se em seguida algumas garrafas de champanhe, e, enquanto os hóspedes conversam sobre os bons tempos passados, o *Führer* retira-se para seu quarto com a secretária, *Frau* Junge, a quem dita o testamento político e pessoal. Como seu sucessor, foi indicado o almirante Donitz; Goebbels foi nomea-

do chanceler; Bormann, ministro do partido. À noitinha chega a notícia da morte de Mussolini. À meia-noite Hitler faz sua cadela Blondi provar o efeito do cianureto.

30 de abril, segunda-feira. Os russos encontram-se a não mais do que duas quadras da Chancelaria. Por volta das 14 horas, após o almoço, Adolf e Eva Hitler recolhem-se ao seu quarto.

Às 15h30, seus corpos são retirados do *bunker* envolvidos em uma coberta: colocados na cratera escavada por uma bomba, são banhados de gasolina e em seguida incinerados.

1º de maio, terça-feira. Cerca de meio-dia, alguns enviados do novo chanceler Goebbels põem-se em contato com o general russo Antonov para tratar da paz em separado, mas sem sucesso. Ao cair da noite, quase todos os hóspedes da Chancelaria tentam fugir; consegue-o, entre outros, Martin Bormann, a cujo respeito se ouvirão mais tarde muitos boatos.

Não foge Goebbels que, depois de mandar matar seus seis filhos, acaba com a vida juntamente com a sua mulher.

2 de maio, quarta-feira. Os remanescentes da guarnição de Berlim rendem-se por ordem do general Weidling.

4 de maio, sexta-feira. O soldado russo Ivan Curakov descobre, perto da Chancelaria, os corpos do casal Hitler e de seus cães.

7 de maio, segunda-feira. O general Jodl e o almirante von Freideburg assinam a rendição incondicional da Alemanha.

(Fonte: *Hitler — Pró e Contra*, Edições Melhoramentos, São Paulo, 1975.)

Hitler com o uniforme das SA.

Na casa paterna

Considero hoje como uma feliz determinação da sorte que Braunau no Inn tenha sido destinada para lugar do meu nascimento. Essa cidadezinha está situada nos limites dos dois países alemães cuja volta à unidade antiga é vista, pelo menos por nós, jovens, como uma questão de vida e de morte.

A Áustria alemã deve voltar a fazer parte da grande Pátria germânica, aliás, sem se atender a motivos ele ordem econômica. Mesmo que essa união fosse, sob o ponto de vista econômico, inócua ou até prejudicial, ela deveria realizar-se. Povos em cujas veias corre o mesmo sangue devem pertencer ao mesmo Estado. Ao povo alemão não assistem razões morais para uma política ativa de colonização, enquanto não conseguir reunir os seus próprios filhos em uma pátria única. Somente quando as fronteiras do Estado tiverem abarcado todos os alemães sem que se lhes possa oferecer a segurança da alimentação, só então surgirá, da necessidade do próprio povo, o direito, justificado pela moral, da conquista de terra estrangeira. O arado, nesse momento, será a espada, e, regado com a lágrima da guerra, o pão de cada dia será assegurado à posteridade.

Por isso, essa cidadezinha da fronteira aparece aos meus olhos como o símbolo de uma grande missão. Sob certo aspecto, ela se apresenta como uma exortação nos tempos que correm. Há mais de cem anos, esse modesto ninho, cenário de uma tragédia cuja significação todo o povo alemão compreende, conquistou, pelo menos, na história alemã, o direito à imortalidade. No tempo da maior humilhação infligida à nossa Pátria, tombou ali, por amor à sua idolatrada Alemanha, Johannes Palm, de Nuremberg, livreiro burguês, obstinado nacionalista e inimigo dos franceses.

Tenazmente, recusara-se, como Leo Schlagter, a denunciar os seus cúmplices, ou melhor, os cabeças do movimento. Como aquele, ele foi denunciado. Como aquele, ele foi denunciado à França, por um representante do governo. Um chefe de polícia de Ausburgo conquistou para si essa glória e serviu assim de modelo às autoridades alemãs no governo de Severing.

Nessa cidadezinha do Inn, imortalizada pelo martírio de grandes alemães, bávara pelo sangue, austríaca quanto ao governo, moravam meus pais no fim de 1880: meu pai como funcionário público, fiel cumpridor dos seus deveres, minha mãe toda absorvida nos afazeres domésticos e, sobretudo, sempre dedicada aos cuidados da família. Na minha memória, pouco ficou desse tempo, pois, dentro de alguns anos, meu pai teve de deixar a querida cidadezinha e ir ocupar novo lugar em Passau, na própria Alemanha.

A sorte de empregado aduaneiro austríaco se traduzia, naquele tempo, por uma constante peregrinação. Pouco tempo depois, meu pai foi para Linz, para onde finalmente se dirigiu também depois de aposentado. Essa aposentadoria não devia, porém, significar um verdadeiro descanso para o velho funcionário. Filho de um pobre lavrador, já noutros tempos ele não tolerava a vida inativa em casa. Ainda não contava treze anos e já o jovem de então fazia os seus preparativos e deixava a casa paterna no Waldviertel. Apesar dos conselhos em contrário dos "experientes" moradores da aldeia, o jovem dirigiu-se para Viena, com o objetivo de aprender um ofício manual. Isso ocorreu entre 1850 e 1860. Arrojada resolução essa de afrontar o desconhecido com três florins para as despesas de viagem. Aos dezessete anos, tinha as provas de aprendiz. Não estava, porém, contente. Muito ao contrário. A longa duração das necessidades de outrora, a miséria e o sofrimento constante fortaleceram a resolução de abandonar de novo o ofício, para vir a ser alguma coisa mais elevada. Naquele tempo, aos olhos do pobre jovem, a posição de pároco de aldeia parecia a mais elevada a que se podia aspirar; porém, na esfera mais vasta da grande capital, a sua ambição maior era entrar para o funcionalismo. Com a tenacidade de quem, na meninice, já era um velho, por efeito da penúria e das aflições, o jovem de dezessete anos insistiu na sua resolução e tornou-se funcionário público. Depois dos vinte e três anos, creio eu, estava atingido o seu objetivo. Parecia assim estar cumprida a promessa que o pobre rapaz havia feito, isto é, de não voltar à aldeia paterna sem que tivesse melhorado a sua situação.

Agora estava atingido o seu ideal. Na aldeia, porém, ninguém mais dele se lembrava e a ele mesmo a aldeia se tornara desconhecida.

Quando, aos cinqüenta e seis anos, ele se aposentou, não pode suportar esse descanso na ociosidade. Comprou, então, uma propriedade na Vila de Lambach, na Alta Áustria, valorizou-a e voltou, assim, depois de uma vida longa e trabalhosa, à mesma origem dos seus pais.

Nesse tempo, formavam-se no meu espírito os primeiros ideais. As correrias ao ar livre, a longa caminhada para a escola, as relações com rapazes extremamente robustos — o que muitas vezes causava à minha mãe os maiores cuidados —; esses hábitos me poderiam preparar para tudo, menos para uma vida sedentária. Embora mal pensasse ainda seriamente sobre a minha futura vocação, de nenhum modo as minhas simpatias se dirigiam para a linha de vida seguida por meu pai. Eu creio que já nessa época meu talento verbal se adestrava nas discussões com os camaradas.

Eu me tinha tornado um pequeno chefe de motins, que, na escola, aprendia com facilidade, mas era difícil de ser dirigido.

Quando, nas minhas horas livres, eu recebia lições de canto no coro paroquial de Lambach, tinha a melhor oportunidade de extasiar-me ante as pompas festivas das brilhantíssimas festas da igreja. Assim como meu pai via na posição de pároco de aldeia o ideal na vida, a mim também a situação de abade pareceu a aspiração mais elevada. Pelo menos temporariamente isso se deu.

Desde que meu pai, por motivos de fácil compreensão, não podia dar o devido apreço ao talento oratório do seu bulhento filho, para daí tirar conclusões favoráveis ao futuro dos seus pimpolhos, é óbvio que ele não concordasse com essas idéias de mocidade. Apreensivo, ele observava essa disparidade da natureza.

Na realidade a vocação temporária por essa profissão desapareceu muito cedo, para dar lugar a esperanças mais conformes com meu temperamento.

Revolvendo a biblioteca paterna, deparei com diversos livros sobre assuntos militares, entre eles uma edição popular da guerra franco-alemã de 1870-1871. Eram dois volumes de uma revista ilustrada daquele tempo. Tornaram-se a minha leitura favorita: Não tardou muito para que a grande luta de heróis se transformasse para mim em um acontecimento da mais alta significação. Daí em diante, eu me entusiasmava cada vez mais por tudo que, de algum modo, se relacionasse com a guerra ou a vida militar. Sob outro aspecto, isso também deveria vir a ser de importância para mim. Pela primeira vez, embora ainda de maneira confusa, surgiu no meu espírito

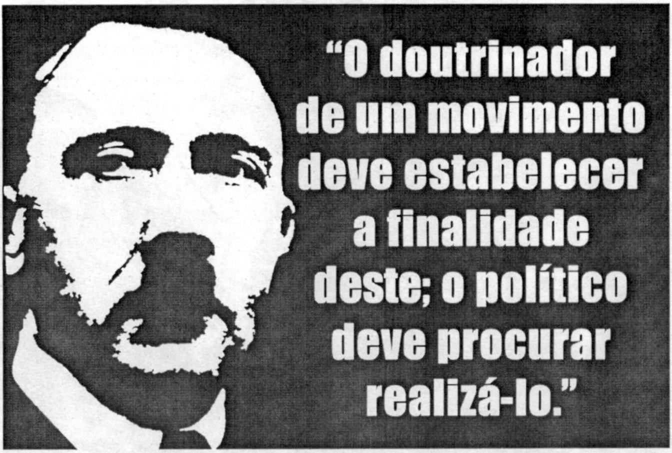

a pergunta sobre se havia alguma diferença entre estes alemães que lutavam e os outros e, em caso afirmativo, qual era essa diferença. Por que a Áustria não combateu com a Alemanha nessa guerra? Por que meu pai e todos os outros não se bateram também? Não somos iguais a todos os outros alemães? Não formamos, todos um corpo único? Esse problema começou, pela primeira vez, a agitar o meu espírito infantil. Com uma inveja íntima, deveriam minhas cautelosas perguntas aceitar a resposta de que nem todo alemão possuía a felicidade de pertencer ao império de Bismarck. Isso era inconcebível para mim.

(...) Estava decidido que eu deveria estudar.

Considerando o meu caráter e, sobretudo, o meu temperamento, pensou meu pai poder chegar à conclusão de que o curso de humanidades oferecia uma contradição com as minhas tendências intelectuais. Pareceu-lhe que uma escola profissional corresponderia melhor ao caso. Nessa opinião, ele se fortaleceu ainda mais ante minha manifesta aptidão para o desenho, matéria cujo estudo, no seu modo de ver,

Hitler na prisão, em Landsberg, com Maurice, Kriebel, Hess e dr. Friedrich Weber, da Liga Alemã.

Hitler saindo da prisão, 1924.

era muito negligenciado nos ginásios austríacos. Talvez estivesse também exercendo influência decisiva nisso a sua difícil luta pela vida, na qual, aos seus olhos, o estudo de humanidades de pouca utilidade seria. Por princípio, era de opinião que, como ele, seu filho naturalmente seria e deveria ser funcionário público. Sua amarga juventude fez com que o êxito na vida fosse por ele visto como tanto maior quanto o considerava como produto de uma férrea disposição e de sua própria capacidade de trabalho. Era o orgulho do homem que se fez por si o que induzia a querer elevar seu filho a uma posição igual ou, se possível, mais alta que a do seu pai, tanto mais quanto, por sua própria diligência, estava apto a facilitar de muito a evolução deste.

O pensamento de uma repulsa àquilo que, para ele, se tornou o objetivo de uma vida inteira, parecia-lhe inconcebível. A resolução de meu pai era, pois, simples, definida, clara e, a seus olhos, compreensível por si mesma. Finalmente para o seu temperamento tornado imperioso através de uma amarga luta pela existência, no decorrer da sua vida inteira, parecia coisa absolutamente intolerável, em tais assuntos, entregar a decisão final a um jovem que lhe parecia inexperiente e ainda sem responsabilidade.

Seria impossível que isso se coadunasse com a sua usual concepção do cumprimento do dever, pois representava uma diminuição reprovável de sua autoridade paterna. Além disso, a ele cabia a responsabilidade do futuro filho.

E, não obstante, coisa diferente deveria acontecer. Pela primeira vez na vida fui — mal chegava aos onze anos — forçado a fazer oposição.

Por mais firmemente decidido que meu pai estivesse na execução dos planos e propósitos que se formara, não era menor a teimosia e a obstinação de seu filho em repelir um pensamento que pouco ou nada lhe agradava.

Eu não queria ser funcionário.

Nem conselhos nem "sérias" admoestações conseguiram

demover-me dessa oposição. Nunca, jamais, em tempo algum, eu seria funcionário público.

Todas as tentativas para despertar em mim o amor por essa profissão, inclusive a descrição da vida de meu pai, malogravam-se, produziam o efeito contrário. Era para mim abominável o pensamento de, como um escravo, um dia sentar-me em um escritório, de não ser senhor do meu tempo, mas, ao contrário, limitar-me a ter como finalidade na vida preencher formulários! Que pensamento poderia isso despertar em um jovem que era tudo menos bom no sentido usual da palavra? O estudo extremamente fácil na escola proporcionava-me tanto tempo disponível que eu era mais visível ao ar livre do que em casa.

Quando, hoje, meus adversários políticos examinam com carinhosa atenção a minha vida até o tempo da minha juventude para, finalmente, poder apontar com satisfação os maus feitos que esse Hitler já na mocidade havia perpetrado, agradeço aos céus que agora alguma coisa me restitua à memória daqueles tempos felizes.

Campos e florestas eram outrora a sala de esgrima na qual as antíteses de sempre vinham à luz.

Mesmo a freqüência à escola profissional que se seguiu a isso em nada me serviu de estorvo.

Uma outra questão deveria, porém, ser decidida.

Enquanto a resolução de meu pai de fazer-me funcionário público encontrou em mim apenas uma oposição de princípios, o conflito foi facilmente suportável. Eu podia, então, dissimular minhas idéias íntimas, não sendo preciso contraditar constantemente. Para minha tranqüilidade, bastava-me a firme decisão de não entrar no futuro para a burocracia.Essa resolução era, porém, inabalável. A situação agravou-se quando ao plano de meu pai eu opus o meu. Esse fato ocorreu já aos trezes anos. Como isso se deu, não sei bem hoje, mas um dia pareceu-me claro que eu deveria ser artista, pintor.

Meu talento para o desenho, inquestionavelmente, continuava a afirmar-se, e foi até umas das razões por que meu pai me mandou à escola profissional sem, contudo, nunca lhe ter ocorrido dirigir a minha educação nesse sentido. Muito ao contrário. Quando eu, pela primeira vez; depois de renovada oposição ao pensamento favorito de meu pai, fui interrogado sobre que profissão desejava então escolher e quase de repente deixei escapar a firme resolução que havia adotado de ser pintor, ele quase perdeu a palavra.

"Pintor! Artista!", exclamou ele. Julgou que tinha perdido o juízo ou talvez que eu não tivesse ouvido ou entendido bem a sua pergunta. Quando compreendeu, porém, que não tinha havido mal-entendido, quando sentiu a seriedade de minha resolução, lançou-se com a mais inabalável decisão contra a minha idéia.

Sua resolução era demasiado firme. Inútil seria argumentar com as minhas aptidões para essa profissão. "Pintor, não! Enquanto eu viver, nunca!", terminou meu pai. O filho que, entre outras qualidades do pai, havia herdado a teimosia, retrucou com uma resposta semelhante, mas no sentido contrário.

Cada um ficou irredutível no seu ponto de vista. Meu pai não abandonava o seu "nunca" e eu reforçava cada vez mais o meu "não obstante".

As conseqüências disso não foram muito agradáveis. O velho tornou-se irritado e eu também, apesar de gostar muito dele. Afastou-se para mim qualquer esperança de vir a ser educado para a pintura. Fui mais adiante e declarei então absolutamente não mais estudar. Como eu, naturalmente, com essa declaração teria todas as desvantagens, pois o velho parecia disposto a fazer triunfar a sua autoridade sem considerações de qualquer natureza, resolvi calar daí por diante, convertendo, porém, as minhas ameaças em realidade.

Acreditava que, quando meu pai observasse a minha falta de aproveitamento na escola profissional, por bem ou por mal consentiria na minha sonhada felicidade.

Não sei se meus cálculos dariam certo. A verdade é que meu insucesso na escola verificou-se. Só estudava o que me agradava, sobretudo aquilo de que eu poderia precisar mais tarde como pintor. O que me parecia sem significação para esse objetivo ou o que não me era agradável, eu punha de lado inteiramente.

Nesse tempo os meus certificados de estudos apresentavam sempre notas extremas, de acordo com as matérias e o apreço em que eu as tinha. Digno de louvor e ótimo, de um lado; sofrível ou péssimo, do outro.

Incomparavelmente melhores eram os meus trabalhos em geografia e, sobretudo, em história. Eram essas as duas matérias favoritas, nas quais eu fazia progressos na classe.

Quando, depois de muitos anos, examino o resultado daqueles tempos, vejo dois fatos de muita significação:

1º) Tornei-me nacionalista.

2º) Aprendi a entender a história pelo seu verdadeiro sentido.

A antiga Áustria era um "Estado de muitas nacionalidades". O cidadão do Império alemão, pelo menos outrora, não podia, em última análise, compreender a significação desse fato na vida diária do indivíduo, em um Estado assim organizado como a Áustria.

Depois do maravilhoso cortejo triunfal dos heróis da guerra franco-prussiana, os alemães que viviam no estrangeiro eram vistos como cada vez mais estranhos à vida da nação, que, em parte, não se esforçavam por apreciar ou mesmo não o podiam.

Confundia-se, na Alemanha, sobretudo em relação aos austro-alemães, a desmoralizada dinastia austríaca com o povo que, na essência, se mantinha são.

Não se concebe como o alemão na Áustria — não fosse ele da melhor têmpera — pudesse possuir força para exercer a sua influência em um tal Estado. Não se concebe também, sem essa hipótese, que, até na Alemanha, se tenha formado a opinião errada de que a Áustria era um Estado alemão, disparate de sérias conseqüências que constitui, porém, um brilhante atestado em favor dos dez milhões de alemães da fronteira oriental.

Só hoje, que essa triste fatalidade caiu sobre muitos milhões dos nossos próprios compatriotas, que, sob o domínio estrangeiro, acham-se afastados da Pátria e dela se lembram com angustiosa saudade e se esforçam por ter ao menos o direito à sagrada língua materna, compreende-se, em maiores proporções, o que significa ser obrigado a lutar pela sua nacionalidade.

Só então um ou outro poderá, talvez, avaliar a grandeza do sentimento alemão na velha fronteira oriental, sentimento que se manteve por si mesmo e que, durante séculos, protegera o Reich na fronteira oriental para finalmente se resumir a pequenas guerras destinadas apenas a conservar as fronteiras da língua. Isso se dava em um tempo em que o governo alemão se interessava por uma política colonial, enquanto se mantinha indiferente pela defesa da carne e do sangue de seu povo, diante de suas portas.

Como sempre ocorre em todas as lutas, havia na campanha pela língua três classes distintas: os lutadores, os indiferentes e os traidores.

Já na escola se começava a notar essa separação, pois o mais digno de nota na luta pela língua é que é justamente na escola, como viveiro das gerações futuras, que as ondas do movimento se fazem sentir mais vibrantes.

Em torno da criança empenha-se a luta, e a ela é dirigido o primeiro apelo: "Menino de sangue alemão, não te esqueças de que és um alemão; menina, pensa que um dia deverás ser mãe alemã".

Quem conhece a alma da juventude poderá compreender que são justamente os moços que com mais intensa alegria ouvem tal grito de guerra. De centenas de maneiras diferentes costumam eles dirigir essa luta em que empregam os seus

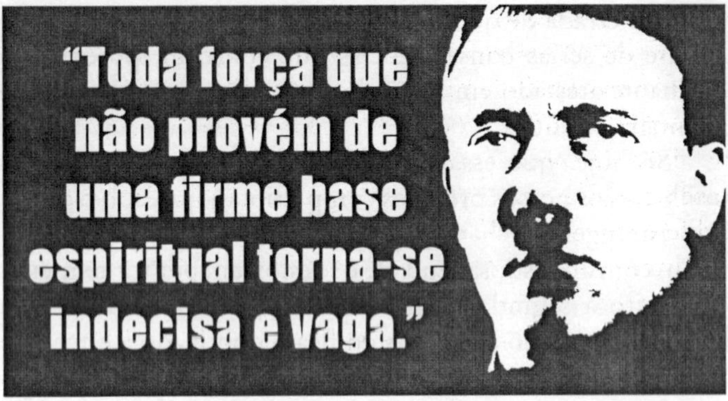

próprios meios e armas. Eles evitam canções não-alemãs, entusiasmam-se pelos heróis alemães, tanto mais quanto maior é o esforço para deles se afastar, sacrificam o estômago para economizarem dinheiro para a luta dos grandes. Em relação ao estudante não-alemão, são incrivelmente curiosos e ao mesmo tempo intratáveis. Usam as insígnias proibidas da nação e sentem-se felizes em ser por isso castigados até fisicamente. São, em pequenas proporções, um quadro fiel dos grandes, freqüentemente com melhores e mais sinceros sentimentos.

A mim também se ofereceu outrora a possibilidade de, ainda relativamente muito jovem, tomar parte na luta pela nacionalidade da antiga Áustria. Quando, reunidos na associação escolar, expressávamos os nossos sentimentos, usando louros e as cores preta, vermelha e ouro, que, entusiasticamente, saudávamos com hurras. Em vez da canção imperial, cantávamos *"Deutschland über Alles"*, apesar das admoestações e dos castigos. A juventude era assim politicamente ensinada em um tempo em que os membros de uma *soi-disante* nacionalidade, na maioria da sua nacionalidade conhecida pouco mais do que a linguagem. Que eu então não pertencia aos indiferentes, compreende-se por si mesmo. Dentro de pouco tempo, eu me tinha transformado em um fanático nacional-alemão, designação que, de nenhuma maneira, é idêntica à concepção do atual partido com esse nome.

Essa evolução fez em mim progressos muito rápidos, tanto que, aos quinze anos, tinha já chegado a compreender a diferença entre patriotismo dinástico e nacionalismo racista. O último conhecia-o eu, então, muito mais.

Para quem nunca se deu ao trabalho de estudar as condições internas da monarquia dos Habsburgos, um tal acontecimento poderá não parecer claro. Somente as lições na escola sobre a história deveriam, na Áustria, lançar o germe desse desenvolvimento, mas só em pequenas proporções uma história específica.

O destino desse Estado é tão intimamente ligado à vida e ao crescimento do povo alemão, que uma separação entre a história alemã e a austríaca parece impossível. Quando, por fim, a Alemanha começou a separar-se em dois Estados diferentes, até essa separação passou para a história alemã.

As insígnias do imperador, sinais do esplendor antigo do Império, preservadas em Viena, parecem atuar mais como um poder de atração do que como penhor de uma eterna solidariedade.

O primeiro grito austro-alemão, nos dias do desmembramento do Estado dos Habsburgos, no sentido de uma união com a Alemanha, era apenas efeito de um sentimento adormecidos mas de raízes profundas no coração dos dois povos — o anelo pela volta à mãe-pátria nunca esquecida.

Nunca seria isso, porém, compreensível, se a aprendizagem histórica dos austro-alemães não fosse a causa de uma aspiração tão geral. Aí está a fonte que nunca se estanca, a qual, sobretudo nos momentos de esquecimento, pondo de parte as delícias do presente, exorta o povo, pela lembrança do passado, a pensar em um novo futuro.

O ensino da história universal nas chamadas escolas

médias ainda hoje deixa a desejar. Poucos professores compreendem que a finalidade do ensino da história não deve consistir em aprender de cor datas e acontecimentos ou obrigar o aluno a saber quando esta ou aquela batalha se realizou, quando nasceu um general ou quando um monarca, quase sempre sem significação, pôs sobre a cabeça a coroa dos seus avós. Não! Graças a Deus não é disso que se deve tratar.

Aprender história quer dizer procurar e encontrar as forças que conduzem às causas das ações que vemos como acontecimentos históricos.

A arte da leitura como da instrução consiste nisto: *conservar o essencial, esquecer o dispensável.*

Foi talvez decisivo para a minha vida posterior que me fosse dada a felicidade de ter como professor de história um dos poucos que a entendiam por esse ponto de vista e assim a ensinavam. O professor Leopold Pötsch, da escola profissional de Linz, realizara esse objetivo de maneira ideal. Era ele um homem idoso, bom mas enérgico e, sobretudo pela sua deslumbrante eloqüência, conseguia não só prender a nossa atenção, mas empolgar-nos de verdade. Ainda hoje, lembrome com doce emoção do velho professor que, no calor de sua exposição, fazia-nos esquecer o presente, encantava-nos com o passado e do nevoeiro dos séculos retirava os áridos acontecimentos históricos para transformá-los em viva realidade. Nós o ouvíamos muitas vezes dominados pelo mais intenso entusiasmo, outras vezes comovidos até as lágrimas. O nosso contentamento era tanto maior quanto este professor entendia que o presente devia ser esclarecido pelo passado e deste deviam ser tiradas as conseqüências para daí deduzir o futuro. Assim fornecia ele, muito freqüentemente, explicações para o problema do dia, que outrora nos deixava em confusão. Nosso fanatismo nacional de jovens era um recurso educacional de que ele, freqüentemente apelando para o nosso sentimento patriótico, se servia para completar a

Hitler na casa de campo que comprou em Obersalzberg.

nossa preparação mais depressa do que teria sido possível por quaisquer outros meios. Esse professor fez da história o meu estudo favorito. Assim, já naqueles tempos, tornei-me um jovem revolucionário, sem que fosse esse o seu objetivo.

Quem, com um tal professor, poderia aprender a história alemã, sem ficar inimigo do governo que, de maneira tão nefasta, exercia a sua influência sobre os destinos da nação?

Quem poderia, finalmente, ficar fiel ao imperador de uma dinastia que no passado e no presente sempre traiu os interesses do povo alemão, em benefício de mesquinhos interesses pessoais?

Já não sabíamos, nós jovens, que esse Estado austríaco nenhum amor por nós possuía e sobretudo não podia possuir?

O conhecimento histórico da atuação dos Habsburgos foi reforçado pela experiência diária. No norte e no sul, o veneno estrangeiro devorava o nosso sentimento racial, e até Viena tornava-se, a olhos vistos e cada vez mais, estranha ao espírito alemão.

A Casa da Áustria "tchequizava-se", por toda parte, e foi por efeito do punho da deusa do direito eterno e da inexorável lei de Talião que o inimigo mortal da Áustria alemã, o arquiduque Franz Ferdinando, foi vítima de uma bala que ele próprio havia ajudado a fundir. Era ele o patrono da eslavização da Áustria, que se operava de cima para baixo, por todas as formas possíveis.

Enormes foram os ônus que se exigiam do povo alemão, inauditos os seus sacrifícios em impostos e em sangue e, não obstante, quem quer que não fosse cego, deveria reconhecer que tudo isso seria inútil.

O que nos era mais doloroso era o fato de ser esse sistema moralmente protegido pela aliança com a Alemanha, e que a lenta extirpação do sentimento alemão na velha monarquia até certo ponto tinha a sanção da própria Alemanha.

A hipocrisia dos Habsburgos, com a qual se pretendia dar no exterior a aparência de que a Áustria ainda era um

Estado alemão, fazia crescer o ódio contra a Casa austríaca, até atingir a indignação e, ao mesmo tempo, o desprezo.

Só no Reich os já então "predestinados" nada viam de tudo isso. Como atingidos pela cegueira, caminhavam eles ao lado de um cadáver e, nos sinais da decomposição, acreditavam descobrir indícios de nova vida.

Na fatal aliança do jovem império alemão com o arremedo de Estado austríaco estava o germe da Grande Guerra, mas também o do desmembramento.

No decurso deste livro terei de me ocupar mais demoradamente desse problema. Basta que aqui se constate que, já nos primeiros anos da juventude, eu havia chegado a uma opinião que nunca mais me abandonou, mas, pelo contrário, cada vez mais se fortificou. E essa era que a segurança do germanismo pressupunha a destruição da Áustria e que o sentimento nacional não era idêntico ao patriotismo dinástico e que, antes de tudo, a Casa dos Habsburgos estava destinada a fazer a infelicidade do povo alemão.

Dessa convicção eu tinha já outrora tirado as conseqüências: amor ao meu berço austro-alemão, profundo ódio contra o governo austríaco.

A arte de pensar pela história, que me tinha sido ensinada na escola, nunca mais me abandonou. A história universal tornou-se para mim, cada vez mais, uma fonte inesgotável de conhecimentos para agir no presente, isto é, para a política. Eu não quero aprender a história por si, mas, ao contrário, quero que ela me sirva de ensinamento para a vida.

Assim, como logo cedo me tornei revolucionário, também me tornei artista.

A capital da alta Áustria possuía outrora um teatro que não era mau. Nele se representava quase tudo. Aos doze anos, vi pela primeira vez *Guilherme Tell* e, alguns meses depois, *Lohengrin*, a primeira ópera a que assisti na minha vida. Senti-me imediatamente cativado pela música. O entusiasmo juvenil pelo mestre de Bayreuth não conhecia limites. Cada

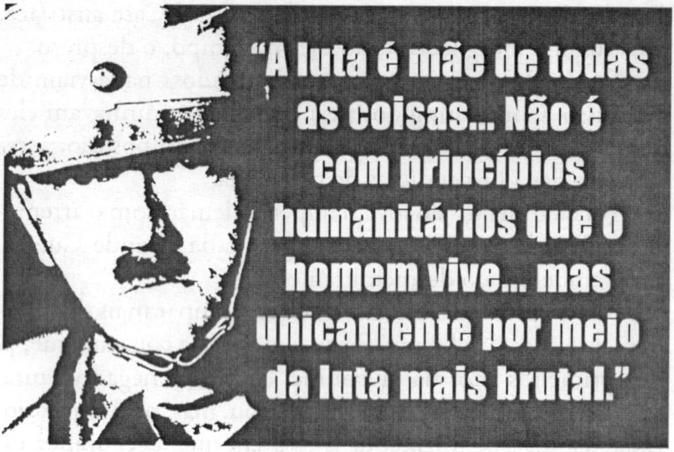

vez mais me sentia atraído pela sua obra e considero hoje uma felicidade especial que a maneira modesta por que foram as peças representadas na capital da província me tivesse deixado a possibilidade de um aumento de entusiasmo em representações posteriores mais perfeitas.

Tudo isso fortificava minha profunda aversão pela profissão que meu pai me havia escolhido. Essa aversão cresceu depois de passados os dias da meninice, que para mim foram cheios de pesares. Cada vez mais eu me convencia de que nunca seria feliz como empregado público. Depois que, na escola profissional, meus dotes de desenhista se tornaram conhecidos, a minha resolução ainda mais se afirmou. Nem pedidos nem ameaças seriam capazes de modificar essa decisão. Eu queria ser pintor e, de modo algum, funcionário público. E, coisa singular, com o decorrer dos anos aumentava sempre o meu interesse pela arquitetura. Eu considerava isso, outrora, como um natural complemento da minha inclinação para a pintura e regozijava-me intimamente com esse desenvolvimento da minha formação artística. Que outra coisa, contrária a isso, viesse acontecer, não previa eu.

O problema da minha profissão devia, porém, ser decidido mais rapidamente do que eu supunha. Aos treze anos perdi repentinamente meu pai. Ainda muito vigoroso, foi vítima de um ataque apoplético que, sem provocar-lhe nenhum sofrimento, encerrou a sua peregrinação na Terra, mergulhando-nos na mais profunda dor.

O que mais almejava, isto é, facilitar a existência de seu filho, para poupar-lhe a vida de dificuldades que ele próprio experimentara, não havia sido alcançado, na sua opinião. Apenas, sem o saber, ele lançou as bases de um futuro que não havíamos previsto, nem ele nem eu.

Aparentemente, a situação não se modificou logo. Minha mãe sentia-se no dever de, conforme os desejos de meu pai, continuar minha educação, isto é, fazer-me estudar para a carreira de funcionário. Eu, porém, ainda mais do que antes, estava decidido a não ser burocrata, sob condição alguma. À proporção que a escola média, pelas matérias estudadas ou pela maneira de ensiná-las, afastava-se do meu ideal, eu me tornava indiferente ao estudo.

Inesperadamente, uma enfermidade veio em meu auxílio e, em poucas semanas, decidiu o meu futuro, pondo termo à constante controvérsia na casa paterna.

Uma grave afecção pulmonar fez com que o médico aconselhasse minha mãe, com o maior empenho, a não permitir absolutamente que, de futuro, eu me entregasse a trabalhos de escritório. A freqüência à escola profissional deveria também ser suspensa pelo menos por um ano.

Aquilo que eu, durante tanto tempo, almejava e por que tanto me tinha batido, ia, por força desse fato, uma vez por todas transformar-se em realidade. Sob a impressão da minha moléstia, minha mãe consentiu finalmente em tirar-me, tempos depois, da escola profissional e em deixar-me freqüentar a Academia. Foram os dias mais felizes da minha vida, que me pareciam quase que um sonho, e na realidade de sonho não passaram.

Dois anos mais tarde, o falecimento de minha mãe dava a esses belos projetos um inesperado desenlace. A sua morte se deu depois de uma longa e dolorosa enfermidade que, logo de começo, pouca esperança de cura oferecia. Apesar disso, o golpe atingiu-me atrozmente. Eu respeitava meu pai, mas por minha mãe tinha verdadeiro amor.

A pobreza e a dura realidade da vida forçaram-me a tomar uma rápida resolução. Os pequenos recursos econômicos deixados por meu pai foram quase esgotados durante a grave enfermidade de minha mãe. A pensão, que me coube como órfão, não era suficiente nem para as necessidades mais imperiosas. Estava escrito que eu, de uma maneira ou de outra, deveria ganhar o pão com o meu trabalho.

Tendo na mão uma pequena mala de roupa e, no coração, uma vontade imperturbável, viajei para Viena.

O que meu pai, cinqüenta anos antes, havia conseguido, esperava eu também obter da sorte. Eu queria tornar-me "alguém", mas, em caso algum, empregado público.

(Fonte: *Minha Luta*, Adolf Hitler, Editora Mestre Jou, São Paulo, 1962. Também foi consultada e usada a edição publicada pela Editora Globo, Porto Alegre, 1939.)

A Guerra Mundial

Quando ainda jovem, na fase em que tudo nos sorri, nada me fazia tão triste como ter nascido justamente em uma época em que todas as honras e glórias eram reservadas a negociantes ou a funcionários do governo.

As ondas dos acontecimentos históricos aparentemente tinham arreferecido, e de tal maneira que o futuro, na realidade, parecia pertencer à "concorrência pacífica dos povos", isto é, a uma calma e recíproca ladroagem, pela eliminação dos métodos violentos da reação das vítimas. Os diferentes países começavam a se assemelhar, cada vez mais, a empresas que se solapassem reciprocamente o chão debaixo dos pés, na conquista sem trégua de fregueses e de encomendas, procurando cada uma sobrepujar as outras, por todos os meios ao seu alcance. Tudo isso era posto em execução com uma espetaculosidade tão grande quanto ingênua. Essa evolução parecia não só permanente, como destinada também a, algum dia (com a aprovação geral), transformar o mundo inteiro em uma única e grande casa de negócios, em cujas ante-salas seriam expostos, para a posteridade, os bustos dos mais atilados especuladores e dos mais ingênuos funcionários da administração. Os comerciantes poderiam ser então representados pela Inglaterra; os funcionários administrativos seriam os alemães; os judeus, porém, fariam o sacrifício de ser os proprietários, pois que, como eles próprios confessam, nunca lucram, sempre têm de "pagar" e, além disso, falam a maioria das línguas.

Ah, se me tivesse sido possível ter nascido cem anos antes: mais ou menos no tempo das guerras da independência, quando o homem, mesmo sem negócios, ainda valia alguma coisa!

Muitas vezes me ocorriam pensamentos desagradáveis relativos à minha peregrinação terrena, demasiado tardia na minha opinião; e a época "de calma e ordem" que se me

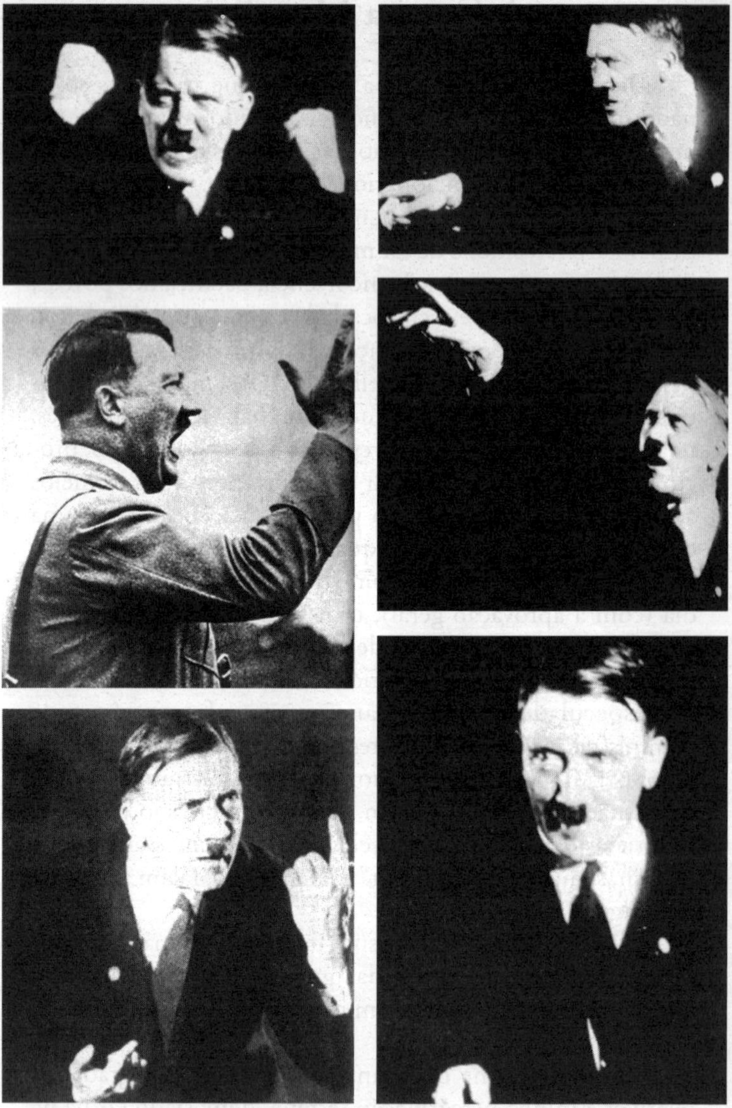

A gesticulação de Hitler nos discursos tornou-se proverbial. Segundo consta, seu professor nessa estratégia de retórica foi o famoso vidente Hanussen.

deparava eu a considerava uma infâmia imerecida do destino. É que, já nos meus mais tenros anos, eu não era "pacifista". Todas as tentativas de educação nesse sentido tinham resultado inúteis.

A guerra dos *bôeres*, então desencadeada, teve sobre mim o efeito de um relâmpago. Diariamente, eu aguardava ansioso os jornais, devorava telegramas e boletins e considerava-me feliz por ser, ao menos de longe, testemunha dessa luta de titãs.

A guerra russo-japonesa já me encontrou sensivelmente mais amadurecido e também mais atento aos acontecimentos. Moviam-me, sobretudo, razões nacionais. Desde os primeiros momentos, tomei partido e, discutindo as opiniões correntes, coloquei-me imediatamente do lado dos japoneses, pois via na derrota dos russos uma diminuição do espírito eslavo na Áustria.

Muitos anos se passaram desde então, e aquilo que, outrora, quando ainda rapaz, me parecia morbidez, compreendia agora ser a calma antes da tempestade. Já desde o tempo em que vivia em Viena pairava sobre os Bálcãs aquela atmosfera pesada, prenúncio de tempestade, e já lampejos mais claros riscavam o céu, mas se perdiam ligeiros nas trevas sinistras. Em seguida, veio a guerra dos Bálcãs e, com ela, o primeiro temporal varreu a Europa, já agora nervosa. A época que se seguiu influiu como um pesadelo sobre os homens. O ambiente estava tão carregado que, em virtude do mal-estar que a todos afligia, a catástrofe que se aproximava chegou a ser desejada. Que os céus dessem livre curso ao destino, já que não havia barreiras que o detivessem! Caiu então o primeiro formidável raio sobre a terra; a tempestade desencadeou-se, e aos trovões do céu juntavam-se as baterias da guerra mundial.

Quando a notícia do assassinato do arquiduque Franz Ferdinando chegou a Munique, eu estava justamente em casa e ouvi contar o desenrolar dos acontecimentos de maneira muito vaga. Meu primeiro receio foi que as balas assassinas tivessem partido de estudantes alemães que, indignados com o constante trabalho de eslavização feito pelo herdeiro presuntivo da coroa austríaca, teriam querido livrar o povo alemão desse inimigo interno. As conseqüências eram fáceis de imaginar: uma nova onda de perseguição aos alemães, que agora facilmente seriam "explicadas e justificadas" perante o mundo. Quando, porém, logo depois, ouvi o nome dos autores presumíveis e verifiquei que eram sérvios, fiquei estupefato ante essa vingança do destino impenetrável. O maior amigo da raça eslava caíra sob balas de fanáticos eslavos! Quem, nos últimos anos, tivesse tido oportunidade de observar constantemente as relações entre a Áustria e a Sérvia, não poderia duvidar, nem um segundo, de que a pedra começara a rolar e nada poderia detê-la na sua queda.

É uma injustiça fazer hoje em dia recriminações ao governo de Viena sobre a forma e o conteúdo do seu *ultimatum*. Nenhuma outra potência do mundo teria agido de maneira diferente, caso se encontrasse em idênticas condições. A Áustria tinha, na sua fronteira sudoeste, um inimigo de morte, o qual, cada vez mais, desafiava a monarquia e nisso persistiria até que chegasse o momento propício à destruição do Império. Receava-se, com razão, que isso se desse, o mais tardar, com a morte do velho imperador. E, nesse momento, talvez a monarquia não estivesse em condições de oferecer resistência séria.

O Estado inteiro encontrava-se, nos últimos anos, de tal maneira dependente da vida de Francisco José, que a morte desse homem, tradicional personalização do Império, equivaleria, no sentir da massa popular, à morte do próprio Império. Era até considerado uma das mais inteligentes manobras, sobretudo da política eslava, fazer crer que a Áustria devia a sua existência à habilidade extraordinária e única desse monarca.

Essa bajulação era tanto mais apreciada na corte, quanto

ela em nada correspondia, na realidade, ao mérito desse imperador. Não se podia ver o espinho escondido atrás dessa lisonja. Não se lobrigava ou não se queria ver que, quanto mais a monarquia dependesse da extraordinária arte de governar, como se costumava dizer, desse "mais sábio monarca de todos os tempos", tanto mais catastrófica seria a situação, quando um dia o destino batesse a essa porta, reclamando o seu tributo.

Seria possível imaginar a velha Áustria sem o seu velho imperador?

Não se repetiria, imediatamente, a tragédia que outrora atingira Maria Teresa? Não! Na verdade, é uma injustiça que se faz aos círculos governamentais de Viena censurá-los por terem eles provocado uma guerra que talvez tivesse sido possível evitar. Esse desfecho era, porém, inevitável. Quando muito poderia ter sido protelado por um ou dois anos. Foi esse o castigo das diplomacias, tanto da alemã como da austríaca. Elas sempre tentaram protelar o ajuste de contas que tinha de vir e agora eram forçadas a dar o golpe na hora menos favorável. A verdade é que mais outra tentativa para manter a paz teria trazido a guerra numa época ainda menos propícia. Quem não quisesse essa guerra deveria ter coragem de arcar com as conseqüências. Essas, porém, só poderiam consistir no sacrifício da Áustria. Assim mesmo, a guerra teria vindo, talvez não mais como a luta de todos contra nós, mas sim tendo como finalidade o aniquilamento da monarquia dos Habsburgos. De qualquer modo, uma decisão tinha de ser tomada: ou entrávamos na guerra ou ficaríamos de fora, observando, de mãos cruzadas, o destino seguir o seu curso.

Justamente aqueles que hoje mais vociferam contra o desencadear da guerra, foram os que mais funestamente ajudaram a atiçá-la.

A social-democracia havia dezenas de anos, fomentava, da maneira mais torpe, a guerra contra a Rússia, enquanto o

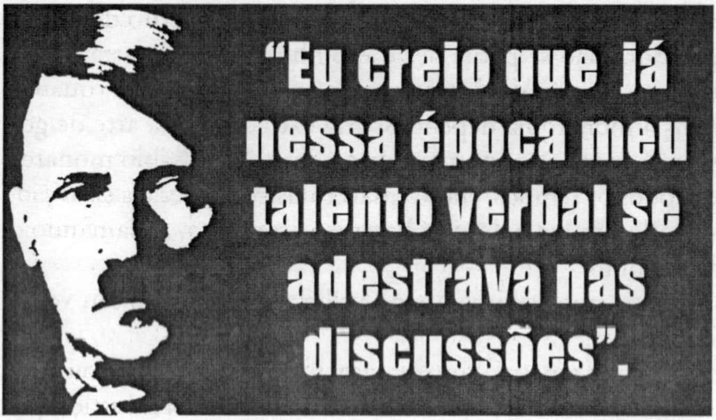

partido do centro, baseado num ponto de vista religioso, fazia a política alemã girar em torno do Estado austríaco. Tinha de se arcar com as conseqüências desse erro. O que veio tinha de vir e, em hipótese nenhuma, poderia ser evitado. A culpa do governo alemão, nesse caso, foi de perder sempre as boas oportunidade de intervenção, por causa da preocupação constante de manter a paz. Assim agindo, o governo se emaranhava numa coligação destinada à manutenção da paz universal, para tornar-se, por fim, a vítima de uma coligação do mundo inteiro, que antepunha à pressão pela manutenção da paz a determinação de fazer a guerra.

Caso o governo de Viena tivesse dado uma forma mais suave ao seu ultimato, em nada teria mudado a situação. Quando muito teria sido varrido do poder pela indignação popular. Aos olhos da grande massa do povo, o tom do ultimato ainda era brando demais e de modo nenhum lhe parecia brutal. Nele não havia excessos. Quem hoje procura negar isso ou é um desmemoriado ou um mentiroso consciente. Graças a Deus, a luta do ano de 1914 não foi, na realidade, imposta e sim desejada pelo povo inteiro. Todos queriam acabar de vez com uma insegurança generalizada. Só assim pode-se também compreender que mais de dois milhões de alemães, homens e rapazes, se pusessem voluntariamente sob a bandeira, decididos a protegê-la com a última gota do seu sangue.

Aquelas horas foram para mim uma libertação das desagradáveis recordações da juventude. Até hoje não me envergonho de confessar que, dominado por delirante entusiasmo, caí de joelhos e, de todo o coração, agradeci aos céus ter-me proporcionado a felicidade de poder viver nessa época.

Tinha-se desencadeado uma luta de libertação, a mais formidável que o mundo jamais vira, pois, logo que a fatalidade tinha iniciado o seu curso, as grandes massas perceberam que, dessa vez, não se tratava do destino nem da Sérvia nem da Áustria, e sim da vida ou morte da nação alemã.

Pela primeira vez, depois de muitos anos, o povo via claro o seu próprio futuro. Assim é que, logo no começo da luta titânica, ainda sob a ação de um transbordante entusiasmo, brotaram, no espírito do povo, os sentimentos à altura da situação, pois somente essa idéia de salvação geral conseguiu que a exaltação nacional significasse alguma coisa mais do que simples fogo de palha. A certeza da gravidade da situação era, porém, por demais necessária. Em geral, ninguém podia, naquela época, ter a menor idéia da duração da luta que, então, se iniciava. Sonhava-se poder estar de volta, à casa, no próximo inverno, a fim de retomar o trabalho pacífico. Aquilo que o homem deseja vale como objeto de esperança e crença. A grande maioria da nação estava cansada do eterno estado de insegurança. Só assim pode-se compreender que não se pensasse numa solução pacífica do conflito austro-sérvio, mas em uma solução definitiva para as complicações existentes. Ao número desses milhões que assim pensavam, pertencia eu.

Mal se tinha divulgado em Munique a notícia do atentado, e já me passavam pela mente duas idéias, a saber: a guerra seria absolutamente inevitável e o império dos Habsburgos seria forçado a ficar fiel às suas alianças. O que eu mais havia temido sempre era a possibilidade de a Alemanha entrar em conflito — talvez mesmo em conseqüência dessa aliança — sem que a Áustria tivesse sido a causa direta, e que, dessa maneira, o governo austríaco não se decidisse, por motivo de política interna, a se colocar ao lado do seu aliado. A maioria eslava do império teria imediatamente iniciado a sua resistência a uma decisão espontânea nesse sentido, preferindo ver o império destruído nos seus fundamentos a conceder o auxílio solicitado. Entretanto, esse perigo estava agora afastado. O velho império tinha de lutar, por bem ou por mal.

Minha atitude em face do conflito era bem clara e definida. Para mim não se tratava de uma guerra para que a Áustria obtivesse satisfação por parte da Sérvia. Não. A Alemanha é que lutava pela sua vida, e com ela o povo pela sua existência, pela sua liberdade, por seu futuro. A política de Bismarck ia ser seguida. Aquilo que os antepassados haviam conquistado com o sacrifício do sangue dos seus heróis nas batalhas de Weissenburg, até Sedan e Paris, tinha de ser reconquistado pela jovem Alemanha. Caso essa luta fosse vitoriosa, o nosso povo entraria de novo no rol das grandes potências, com o seu poder exterior aumentado. E assim o império alemão poderia se tornar uma eficiente garantia da paz, sem ter de diminuir o pão de cada dia de seus filhos, em nome dessa mesma paz.

Quantas vezes, rapazinho ainda, tive o desejo sincero de poder provar por fatos que para mim o entusiasmo nacional não era uma pura fantasia. A mim me parecia muitas vezes quase um crime aplaudir o que quer que fosse sem se estar convencido da razão de ser de seus gestos.

(...)

Tantas vezes tinha eu cantado o *Deutschland, Deutschland über Alles*, com todas as forças de meus pulmões e gritado "Heil...!", que quase me parecia uma graça especial poder

Geli Raubal, sobrinha de Hitler e seu grande amor, matou-se no apartamento dele em Munique, em 1931.

comparecer, agora, perante a justiça divina, para afirmar a sinceridade dessa minha atitude. Desde o primeiro instante estava firmemente decidido, em caso de guerra — esta me parecia inevitável — a abandonar os livros imediatamente. Ao mesmo tempo sabia muito bem que o meu lugar seria aquele para onde me chamava a voz da consciência. Por motivos políticos, tinha preliminarmente abandonado a Áustria. Nada mais natural, pois, que agora que se iniciava a luta, coerentemente com as minhas opiniões políticas, eu assim procedesse. Não era meu desejo lutar pelo império dos Habsburgos. Estava pronto, porém, a morrer, em qualquer instante, pelo meu povo ou pelo governo que o representasse na realidade.

A 3 de agosto apresentei um requerimento a S.M. o rei Luís III, no qual eu solicitava a permissão para assentar praça num regimento bávaro. A Secretaria do Governo, naquela ocasião, como era natural, estava assoberbada de serviço. Por isso, tanto mais alegre fiquei ao tomar conhecimento, já no dia seguinte, do despacho favorável à minha solicitação. Ao abrir, com as mãos trêmulas, o documento no qual li o deferimento do meu pedido, com a recomendação de me apresentar a um regimento bávaro, meu contentamento e minha gratidão não tiveram limites. Poucos dias depois, eu envergava a farda, que só quase seis anos mais tarde deveria despir.

Começou então para mim, como provavelmente para todos os outros alemães, a mais inesquecível e a maior época da minha vida. Comparado com a luta titânica que se travava, todo o passado desaparecia inteiramente. Com orgulho e saudade, recorda-me, justamente nesses dias em que se passa o 10º aniversário daqueles formidáveis acontecimentos, das primeiras semanas daquelas lutas heróicas de nosso povo, na qual, graças à benevolência do destino, me foi dado tomar parte.

Como se fosse ontem, passam diante de meus olhos todos

os acontecimentos. Vejo-me fardado, no círculo dos meus queridos camaradas. Lembro-me da primeira vez em que saímos para exercícios militares, etc., até que enfim chegou o dia da partida para o *front*.

Uma única preocupação me afligia naquele momento, a mim como a muitos outros. Era recear chegarmos tarde demais ao *front*. Essa idéia não me deixava tranqüilo. A cada manifestação de júbilo por um novo feito heróico, sentia uma profunda tristeza, pois toda vez que se festejava uma nova vitória, parecia para mim aumentar o perigo de chegarmos demasiadamente tarde. Finalmente, chegou o dia de deixarmos Munique, a fim de nos apresentarmos ao cumprimento do dever. Tive então a oportunidade de ver, pela primeira vez, o Reno, na nossa viagem para o Ocidente, feita ao longo das suas águas calmas. A nós estava confiada a defesa, contra a cobiça dos inimigos, do mais germânico de todos os rios. Quando os primeiros raios de sol da manhã, atravessando um leve véu de neblina, refletiam-se no monumento de Niederwald, irrompeu, do longuíssimo trem de transporte, a velha canção alemã *Die Wacht am Rhein*. Senti-me transbordante de entusiasmo.

Em seguida, veio uma noite úmida e fria, em Flandres, durante a qual marchamos silenciosos e, quando o sol começou a despontar através das nuvens, rompeu de repente sobre as nossas cabeças uma saudação de aço, e, entre as nossas fileiras, sibilavam balas que caíam, levantando a terra molhada. Antes de desaparecer a pequena nuvem, duzentas bocas gritavam ao mesmo tempo "hurra" a esses primeiros mensageiros da morte. Em seguida, começou o pipocar da metralha, a gritaria, o estrondo da artilharia, e, febricitante de entusiasmo, cada um marchava para a frente, cada vez mais depressa, até que sobre os campos de beterraba e através das charnecas começou a luta corpo a corpo. De longe, porém, chegavam aos nossos ouvidos os sons de uma canção que, cada vez mais, se aproximava, passando, de companhia a companhia,

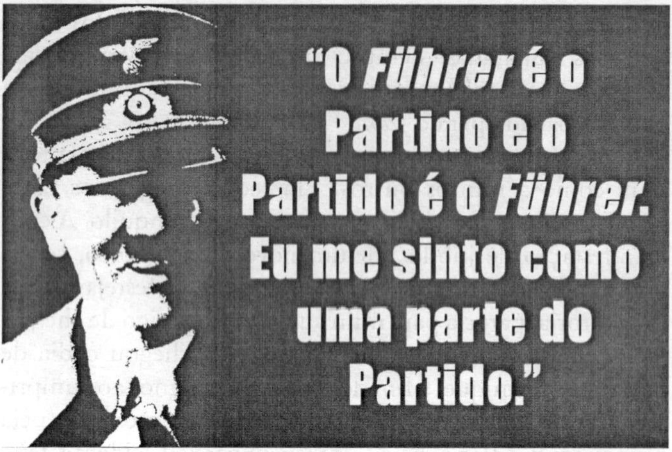

e, enquanto a morte dizimava as nossas fileiras, a canção chegava a nós e nós a passávamos adiante: *Deutschland, Deutschland, über Alles, über Alles in der Welt!* Passados quatro dias, voltamos. Até a maneira de andar dos soldados se tinha modificado. Rapazes de dezessete anos pareciam homens feitos. Os voluntários do regimento de List talvez não tivessem aprendido bem a lutar: o que é certo é que sabiam morrer como velhos soldados.

Esse foi o começo.

Assim continuou a luta, ano a ano. Ao romantismo das batalhas tinha sucedido o horror. O entusiasmo se arrefecera aos poucos e o júbilo transbordante foi abafado pelo pavor da morte. Chegou a época em que cada um tinha de lutar entre o instinto de conservação e o imperativo do dever. Também eu não escapei a essa luta. Cada vez que a morte rondava, algo de indeterminado procurava se revoltar, baseado na razão e, no entanto, isso nada mais era do que a covardia que, assim disfarçada, procurava envolver cada um. Começou uma luta pró e contra, e o último resto de consciência decidia definitivamente. Entretanto, quanto mais claro se ouviam essas vozes que recomendavam cautela, quanto mais elas procuravam atrair e falar alto, tanto mais violenta era a resistência, até que, enfim, após longa luta interior, a consciência do dever vencia. Já no inverno de 1915 a 1916 eu tinha decidido essa luta. A vontade tinha finalmente conseguido se impor. Nos primeiros dias, eu tinha avançado com júbilo e alegria nos lábios; agora me encontrava calmo e decidido. Assim devia permanecer até o fim. Só agora o destino podia caminhar para as últimas provas, sem que os meus nervos se rompessem ou a minha razão falhasse.

O jovem voluntário tinha se transformado num soldado experimentado.

Essa transformação tinha se operado no exército inteiro. As lutas constantes o tinham envelhecido e, ao mesmo tempo, enrijado. Os que não puderam resistir à tempestade foram por ela vencidos. Somente agora é que se poderia julgar esse exército. Só agora, depois de dois a três anos em que uma batalha se seguia a outra, em que ele combatera contra inimigos superiores em número e em armas, sofrendo fome e necessidades, só agora é que se podia avaliar o valor desse exército, único no mundo.

Durante milhares de anos ninguém poderá falar em heroísmo sem se lembrar do exército alemão na guerra mundial. Só então, do véu do passado, a fronte de aço do capacete cinzento, firme e inabalável, aparecerá como monumento imortal. Enquanto houver alemães na face da terra, eles terão de se lembrar de que aqueles homens eram dignos filhos da Pátria.

Eu era soldado naquela ocasião e não queria me meter em política. A época na verdade não era para isso. Até hoje sou da opinião de que o último cocheiro prestou ao país serviços maiores do que o primeiro, digamos assim, “parlamentar”. Nunca odiei tanto esses palradores como no tempo em que cada indivíduo decidido que tinha alguma coisa a dizer, ou berrava-a na cara de seus inimigas ou então se calava oportunamente e cumpria silenciosamente o seu dever, fosse onde fosse. De fato, naquela época, eu odiava esses "políticos" e, se fosse por mim, teria mandado formar imediatamente um batalhão parlamentar de sapadores. Só assim eles poderiam, inteiramente à vontade, expandir entre si a sua verborragia, sem incomodar ou prejudicar o resto da humanidade honesta e decente.

Naquela época eu não queria saber de política; entretanto, não tinha outro remédio senão tomar partido em certos acontecimentos que diziam respeito à nação inteira, sobretudo a nós soldados.

Havia duas coisas que então me aborreciam intimamente e eram por mim consideradas prejudiciais à causa da nação.

Logo após as primeiras notícias de vitórias, uma certa imprensa começou a deixar cair sobre o entusiasmo geral algumas gotas de entorpecentes, e isso devagar e despercebidamente para muitos. Agia, essa mesma imprensa, sob a máscara de boas intenções e até mesmo de zelo pela sorte do soldado. Receava-se um excesso no festejar das vitórias. Além disso, havia o pensamento de que essa forma de celebrar os triunfos militares não era digna de uma grande nação. Achava-se que a bravura e o heroísmo do soldado alemão deveriam ser naturais, sem espetaculosidades. Os alemães não se deviam deixar empolgar por manifestações de contentamento irrefletidas, que iriam repercutir no estrangeiro, o qual apreciaria a forma calma e digna de alegria mais do que uma exaltação desmedida, etc. Nós, alemães acrescentavam, não deveríamos esquecer que a guerra não estava no nosso programa e, por isso, não deveríamos nos envergonhar de confessar abertamente que, em qualquer época, contribuiríamos com o nosso esforço para a confraternização da humanidade. Não era, pois, conveniente empanar a pureza dos feitos do exército com uma gritaria demasiado espetaculosa. O resto do mundo compreenderia muito mal essa maneira de agir.

Nada é mais admirado do que a modéstia com que um verdadeiro herói esquece, silenciosa e calmamente, os seus maiores feitos.

Em vez de pegar esses camaradas pelas orelhas, amarrá-los a um poste e puxá-los por uma corda, a fim de que a nação em festas não mais pudesse ofender a sensibilidade estética de tais escrevinhadores, começou-se a proceder na realidade contra a maneira "inadequada" de celebrar as vitórias.

Não se tinha a mais pálida idéia de que o entusiasmo, uma vez abafado, não mais pode ser provocado quando se deseja. Ele é uma embriaguez e deve ser mantido nesse estado. Como, porém, se poderia manter uma luta sem essa força do entusiasmo, principalmente em se tratando de uma luta que iria pôr à prova, de uma maneira inédita, as qualidades morais da nação?

Eu conhecia o bastante sobre a psicologia das grandes massas para saber que, com sentimentalismo estético, não se poderia manter aceso esse ardor cívico. No meu modo de ver, era rematada loucura não atiçar o fogo dessa paixão. O que eu ainda menos compreendia é que se procurasse destruir o entusiasmo existente. O que me irritava também era a atitude que se tomava em relação ao marxismo. Para mim essa atitude era prova de que não se tinha a mínima idéia do que seria essa calamidade. Acreditava-se seriamente ter reduzido à inação o marxismo, com a simples declaração de que agora não existiam mais partidos.

Não se percebia absolutamente que, no caso, não se tratava de um partido e sim de uma doutrina que tende a destruir a humanidade inteira. Compreende-se isso, considerando-se que, nas universidades sujeitas a influência semíticas, nada se dizia a respeito e que muitos, sobretudo nossos altos funcionários, acham, por uma questão de tola pretensão inútil o aprender algo que não figure entre as matérias lecionadas nas escolas superiores. As transformações sociais mais radicais

Cerimônia do Dia do Partido, em Nuremberg, 1934.

Hitler é saudado pelo Reichstag (o Parlamento), depois de anunciar que a Áustria, em março de 1938, passava a ser uma província do Reich alemão.

passam despercebidas a essas cabeças ocas, razão pela qual as instituições do governo são em muito inferiores às instituições particulares. Àquelas calha bem o provérbio: "O que o camponês não conhece, não come". Algumas poucas exceções só servem para confirmar a regra.

Foi tolice rematada identificar o trabalhador alemão com o marxismo, nos dias de agosto de 1914. O trabalhador alemão tinha se livrado, justamente naquela época, desse veneno. Se assim não fosse, ele nunca se teria apresentado para a guerra. Pensou-se estupidamente que o marxismo tinha se tornado "nacional". Essa suposição só serve para mostrar que, nesses longos anos, nenhum dos dirigentes do Estado tinha se dado ao trabalho de estudar a essência dessa doutrina, pois, se assim fosse, dificilmente se teria propalado semelhante tolice.

O marxismo, cuja finalidade última é e será sempre a destruição de todas as nacionalidades não-judaicas, teve de verificar com espanto que, nos dias de julho de 1914, os trabalhadores alemães, já por eles conquistados, despertaram, e cada dia com mais ardor se apresentavam ao serviço da pátria. Em poucos dias, estava destruída a mistificação desses embusteiros infames dos povos. Solitária e abandonada, encontrava-se essa corja de agitadores judeus, como se não restasse mais um traço das loucuras inculcadas, durante mais de sessenta anos, ao operariado alemão. Foi um mau momento para esses mistificadores. Logo que tais agitadores perceberam o grande perigo que os ameaçava, em conseqüência de suas constantes mentiras, disfarçaram-se e trataram de fingir que acompanhavam o entusiasmo nacional.

Tinha chegado agora o momento oportuno de proceder contra a traiçoeira camarilha de envenenadores do povo. Dever-se-ia ter agido sumariamente, sem consideração para com as lamentações que provavelmente se desencadeariam. Em agosto de 1914 tinham desaparecido, como por encanto, as idéias ocas de solidariedade internacional e, no lugar delas, já poucas semanas depois, choviam, sobre os capacetes das colunas em marcha, as bênçãos fraternais dos *shrapnel* americanos. Teria sido dever de um governo cuidadoso exterminar sem piedade os destruidores do nacionalismo, uma vez que os operários alemães se tinham integrado de novo na pátria.

Em um tempo em que os melhores elementos da nação morriam no *front*, os que ficassem em casa, entregues aos seus trabalhos, deviam livrar a nação dessa piolharia comunista.

Em vez disso, Sua Majestade o *Kaiser* estendia a mão a esses conhecidos criminosos, dando, assim, oportunidade a esses pérfidos assassinos da nação de voltarem a si e de recuperarem o tempo perdido.

A víbora podia, pois, recomeçar o seu trabalho, com mais cautela do que antes, porém de maneira mais perigosa. Enquanto os honestos sonhavam com a paz, os criminosos traidores organizavam a revolução.

Senti-me intimamente desgostoso com essas meias-medidas. O que eu nunca poderia imaginar, porém, era que o fim fosse tão horroroso.

Que se deveria fazer? Pôr os dirigentes do movimentos nos cárceres, processá-los e deles livrar a nação. Ter-se-ia de empregar com a máxima energia todos os meios de ação militar, a fim de destruir essa praga. Os partidos teriam de ser dissolvidos, o Reichstag teria de ser chamado à razão pela força convincente das baionetas. O melhor até teria sido dissolvê-lo. Assim como a República, hoje, tem meios de dissolver os partidos, naquela época, com mais razão, devia-se ter apelado para tal recurso, pois se tratava de uma questão de vida ou de morte de toda uma nação.

É verdade que nesses momentos surge sempre a pergunta: Será possível destruir idéias a ferro e a fogo? Será possível combater concepções universais, empregando a força bruta?

Já naquele tempo, por mais de uma vez, me fiz a mim

mesmo essas perguntas. Meditando sobre casos análogos, principalmente sobre aqueles casos da história universal que se baseiam em fundamentos religiosos, chega-se á seguinte conclusão básica: as idéias, assim como os movimentos que tem uma determinada base espiritual, seja ela certa ou errada, só podem, depois de ter atingido um certo período de sua evolução, ser destruída por processos técnicos de violência, quando essas armas são elas mesmas portadoras de um novo pensamento flamejante, de uma idéia, de um principio universal.

O emprego exclusivo da violência, sem o estímulo de um ideal preestabelecido, não pode jamais conduzir à destruição de uma idéia ou evitar a sua propagação, exceto se essa violência tomar a forma de exterminação irredutível do último dos adeptos do novo credo e da sua própria tradição. Isso significa, entretanto, na maioria dos casos, a segregação de um tal organismo político do círculo das atividades, às vezes por tempo indefinido e até para sempre. A experiência tem mostrado que um tal sacrifício de sangue atinge em cheio a parte mais valiosa da nacionalidade, pois toda perseguição que tem lugar sem prévia preparação espiritual revela-se como moralmente injustificada, provocando protestos veementes dos mais eficientes elementos do povo, protestos esses que redundam geralmente em adesão ao movimento perseguido. Muitos assim procedem por um sentimento de repulsa a todo combate a idéias, pela força bruta.

O número dos adeptos cresce então proporcionalmente à intensidade da perseguição. Entretanto, o extermínio sem tréguas da nova doutrina só poderá ser possível à custa de grande e crescente dizimação dos que a aceitam, dizimação que, em última análise, conduzirá o povo ou o governo ao depauperamento. Tal será, desde o princípio, inútil, quando a doutrina a ser combatida já tenha ultrapassado certo círculo restrito.

É por isso que aqui, como em todo processo de cres-

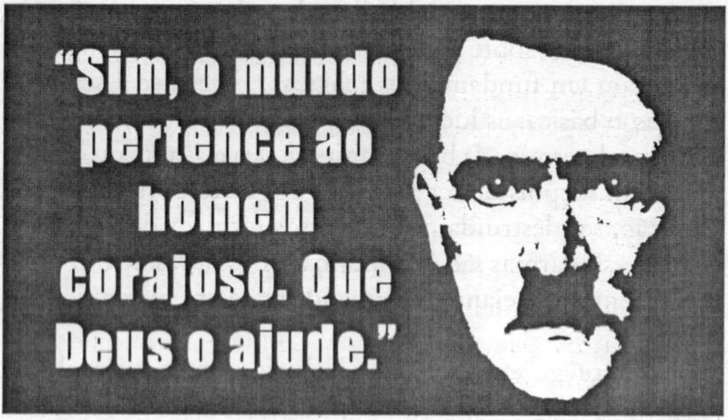

cimento, o período da infância é o que está mais exposto à destruição, enquanto, com o correr dos anos, a força de resistência aumenta, para só ceder lugar à nova infância com a aproximação da fraqueza senil, se bem que sob outra forma e por outros motivos.

De fato, quase todas as tentativas de, por meio da força e sem base espiritual, destruir uma doutrina, conduzem ao insucesso e não raras vezes ao contrário do desejado, e isso pelos seguintes motivos: a primeira de todas as condições para uma luta pela força bruta é a persistência. Isso quer dizer que só há possibilidade de êxito no combate a uma doutrina quando se empregam métodos de repressão uniformes e sem solução de continuidade. Fazendo-se, entretanto, indecisamente, alternar a força com a tolerância, acontecerá que não só a doutrina a ser destruída conseguirá fortificar-se, mas também elas ficarão em situação de tirar novas vantagens de cada perseguição, pois, passada a primeira onda de compressão, a indignação pelo sofrimento lhe trará novos adeptos, enquanto os já existentes se conservarão cada vez mais fiéis. Mesmo aqueles que tinham abandonado as fileiras, passado o perigo, voltarão a elas. A condição essencial do

mento decidir mais acertamente do que a razão. A alegação de que a massa erra, deixando-se levar pelo sentimento — alegação que se procura evidenciar com a sua ingênua atitude na política internacional — pode se rebatê-la vigorosamente, observando-se o fato de não ser menos insensata a democracia pacifista, cujos líderes, no entanto, provêm exclusivamente da burguesia.

Enquanto milhões de cidadãos rendem culto, todas as manhãs, à sua imprensa democrática, ficará muito mal a esses senhores rirem das tolices do companheiro que, no final das contas, engole as mesmas asneiras, se bem que com outra encenação. Nos dois casos, o fabricante desses raciocínios é sempre judeu.

Deve-se, portanto, evitar a negação de fatos que existem na realidade. O fato de que há uma questão de classe (não se trata exclusivamente de problemas ideais, conforme se costuma fazer crer, sobretudo em épocas de eleições) não pode ser contestado. O sentimento de classe de grande parte de nosso povo, bem como o menosprezo do trabalhador manual, é um fenômeno que não provém da fantasia de um lunático. Não obstante, ele mostra a pequena capacidade de raciocínio dos nossos chamados intelectuais, quando, justamente nesses círculos, não se compreende que um estado de coisas, o qual não pode evitar o desenvolvimento de uma calamidade como o marxismo, agora não está mais em condições de reconquistar o perdido.

Os partidos "burgueses" , como eles mesmos se denominam, não poderão jamais contar com o apoio das massas proletárias, pois aqui temos dois mundos antagônicos, em parte naturalmente, em parte artificialmente cindidos e cuja atitude recíproca só pode ser a de luta. O vencedor, nesse caso, só poderia ser o mais jovem, e esse seria o marxismo.

De fato, em 1914, seria possível imaginar uma luta contra a social-democracia. Agora, predizer o tempo da duração desse embate seria duvidoso, uma vez que faltava um

sucesso é a aplicação constante da força. A continuidade é, porém, sempre o resultado de uma convicção espiritual determinada. Toda força que não provém de uma firme base espiritual torna-se indecisa e vaga. A ela faltará a estabilidade que só poderá repousar em certo fanatismo. Emana da energia e decisão bruta de um indivíduo. Está, porém, sujeita a modificações de acordo com as personalidades que a aceitam, isto é, com a força e o modo de ser de cada um.

Além disso, há a considerar outra coisa: toda concepção universal, seja ela religiosa ou política — às vezes é difícil estabelecer a linha divisória —, luta menos pela destruição negativa do mundo de idéias contrário do que pela vitória positiva de suas próprias idéias. A luta consiste, assim, menos na defensiva do que na ofensiva. Entretanto, ela ainda leva vantagem, pois tem o seu objetivo determinado, isto é, a vitória da própria idéia, enquanto, inversamente, é difícil determinar quando está atingido o fim negativo da destruição da doutrina inimiga. Aqui também a decisão pertence ao ataque e não à defesa. A luta contra uma força espiritual por meios violentos só é uma defesa enquanto as armas não são elas mesmas portadoras e disseminadora de uma nova doutrina.

Resumindo, pode se estabelecer o seguinte: toda tentativa de combater pelas armas um princípio universal tem de ser mal-sucedida, enquanto a luta não tomar rigorosamente forma de ofensiva por novas idéias. É somente na luta de dois princípios universais que a força bruta, empregada persistente e decididamente, pode provocar a decisão favorável ao lado por ela sustentado. Foi por isso que até então tinha fracassado a luta contra o marxismo.

Esse foi o motivo pelo qual a legislação socialista de Bismarck acabou falhando, e tinha de falhar. Faltou a plataforma de uma nova doutrina universal por cuja vitória se deveria ter lutado. De fato, estimular uma luta de vida e morte com expressões vazias, tais como "autoridades do Estado", "paz e ordem" é algo que só poderia mesmo ocorrer a altos funcionários de secretaria, sabidamente ocos de idéias. Faltando, como faltou, nessa luta, uma verdadeira base espiritual, teve Bismarck de contar, a fim de poder introduzir a sua legislação socialista, com uma instituição que nada mais era do que um aborto do comunismo.

Confiando o destino de sua guerra ao marxismo à complacência da democracia burguesa, o chanceler de ferro queria fazer da ovelha um lobo. Entretanto, tudo isso era a conseqüência forçada da falta de um princípio geral básico e de grande poder conquistador, que fosse oposto ao marxismo. O resultado final da luta de Bismarck redundou, pois, numa grande desilusão.

Eram, porém, as condições, durante a guerra, ou mesmo no seu começo, diferentes? Infelizmente, não.

Quanto mais eu me preocupava com a idéia de uma modificação de atitude do governo com relação à social-democracia — partido esse que no momento representava o marxismo —, tanto mais eu reconhecia a falta de um sucedâneo para essa doutrina.

Que se ia oferecer às massas, na hipótese da queda da social-democracia? Não havia um movimento do qual fosse lícito esperar que pudesse atrair as massas de operários, nesse momento mais ou menos sem guias. Seria rematada ingenuidade imaginar que o fanático internacional, que já havia abandonado o partido de classe, se decidisse a entrar num partido burguês, portanto em uma nova organização de classe. Isso é inegável, embora não seja do agrado das várias organizações que parecem achar muito natural uma cisão de classes, até o momento em que essa cisão não comece a lhes ser desfavorável sob o ponto de vista político. A contestação desse fato serve para provar a insolência e a estupidez dos mentirosos.

De um modo geral, é um erro julgar que a grande massa seja mais tola do que parece. Em política não é raro o senti-

sucedâneo prático para ela. Aqui havia uma grande lacuna. Eu possuía essa opinião já muito antes da guerra e, por isso, nunca pude me decidir a me aproximar de um dos partidos existentes. No correr dos acontecimentos da guerra mundial tive essa minha opinião reforçada pela impossibilidade visível de começar a luta sem tréguas contra a social-democracia, já que faltava um movimento que fosse mais do que um partido "parlamentar". Muitas vezes externei minha posição a esse respeito com os meus camaradas mais íntimos. Apareceram-me então as primeiras idéias de, mais tarde, tomar parte na política.

Foi justamente esse o motivo que fez com que eu muitas vezes comunicasse ao pequeno círculo de meus amigos a minha intenção de, passada a guerra, combinar o meu trabalho profissional com a atividade política, como orador.

Creio que isso estava resolvido, no meu espírito, com toda a seriedade.

(Fonte: *Minha Luta*, Adolf Hitler, Editora Mestre Jou, São Paulo, 1962.)

O começo de minha atividade política

Em fins ele novembro de 1918 voltei para Munique. De novo entrei no batalhão de reserva do meu regimento, o qual se achava então nas mãos dos "Conselhos de Soldados". Senti-me tão enjoado que resolvi abandonar o batalhão, logo que me fosse possível. Juntamente com meu fiel camarada de guerra, Schmidt Ernst, dirigi-me para Traunstein e ali permaneci até a desativação do acampamento.

Em março de 1919, voltamos de novo para Munique.

A situação era insustentável. A continuação da revolução se tornara fatal. A morte de Eisner tinha tido apenas o efeito de apressar os acontecimentos, provocando a ditadura dos Conselhos, ou melhor, um domínio temporário dos judeus, objetivo que tinham em vista aqueles que provocaram a revolução.

Por essa época, passavam pela minha cabeça planos e mais planos. Dias a fio eu meditava sobre o que se poderia fazer, mas chegava sempre à conclusão de que, em virtude do fato de ser eu um desconhecido, não possuía os requisitos indispensáveis para garantia do êxito de qualquer atuação. Mais adiante voltarei a falar sobre os motivos que me induziram a não me filiar a nenhum dos partidos então existentes.

Durante a nova revolução dos Conselhos, assumi, pela primeira vez, uma atitude que me custou a má vontade do Conselho Central. Em 27 de abril de 1919, pela manhã cedo, eu devia ser preso. Entretanto, diante de um fuzil com que eu os ameacei, os três rapazolas incumbidos de me prender perderam a coragem e desistiram da idéia.

Alguns dias depois da libertação de Munique, fui intimado a comparecer diante da comissão de sindicância, a fim de prestar esclarecimentos sobre os conhecimentos relativos à revolução no 2º regimento de infantaria.

Foi essa a minha primeira incursão no campo da atividade puramente política.

Algumas semanas mais tarde, recebi ordem de tomar parte num "curso" destinado aos membros da milícia de defesa. Esse curso visava a dar aos soldados certas bases de orientação cívica. Para mim a vantagem da iniciativa consistia no fato de eu poder travar conhecimento com alguns camaradas que pensavam da mesma maneira que eu e com os quais eu podia discutir detalhadamente a situação do momento. Estávamos todos mais ou menos convencidos de que a Alemanha não se poderia salvar do colapso cada vez mais próximo, por intermédio dos partidos do centro e da social-democracia que tinham sido causadores do crime de novembro. Além disso, sabíamos que os chamados partidos dos "burgueses nacionais" não poderiam, mesmo com a maior boa vontade do mundo, conseguir reparar o mal já feito. Faltava uma série de condições essenciais, sem as quais o êxito não seria possível. O decorrer do tempo provou a justeza das nossas previsões. Com essas idéias, discutimos, no pequeno círculo de camaradas, a formação de um novo partido.

As idéias fundamentais que então possuíamos eram as mesmas que mais tarde foram realizadas no Partido Trabalhista Alemão. O nome do movimento a ser inaugurado tinha de, desde o princípio, oferecer a possibilidade de uma aproximação com a grande massa. Sem essa condição, todo trabalho parecia inócuo e sem finalidade. Assim, ocorreu-nos o nome Partido Social Revolucionário, e isso porque os pontos de vista sociais do novo partido significavam na realidade uma revolução.

A razão mais profunda, entretanto, estava no seguinte: conquanto eu me tivesse ocupado outrora do exame dos problemas econômicos, nunca tinha ultrapassado os limites de certas considerações despertadas pelo estudo das questões sociais.

Somente mais tarde alargaram-se os meus horizontes com

Multidões delirantes cumprimentam o *Führer*.

Um "camisa parda" mostra o buraco aberto no teto pelo tiro de pistola do *Führer*.

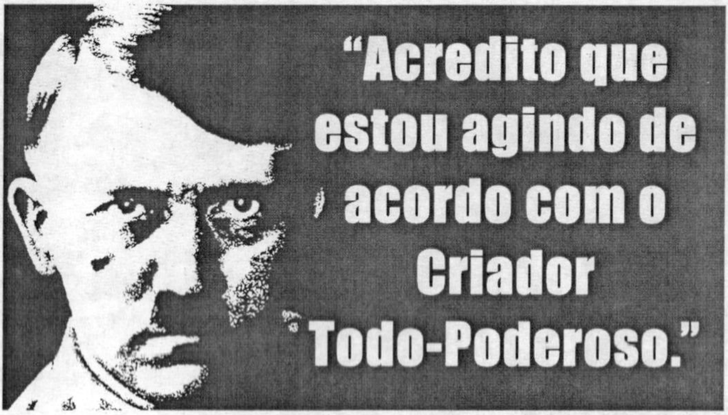

o exame da política de aliança da Alemanha. Essa política, em grande parte, era o resultado de uma falsa avaliação do problema econômico, bem como da falta de clareza quanto às possíveis bases de subsistência do povo alemão no futuro. Todas essas idéias, porém, eram baseadas ainda na opinião de que, em todo caso, o capital era somente o produto do trabalho e, portanto, como este mesmo sujeito à correção de todos aqueles fatores que desenvolvem ou restringem a atividade humana. Aí então estaria a significação nacional do capital. Ele dependia de uma maneira tão imperiosa da grandeza, liberdade e poder do Estado, portanto da Nação, que a reunião dos dois por si estava destinada a guiar o Estado e a Nação, ambos impulsionados pelo capital, pelo simples instinto de conservação e de multiplicação. Essa dependência do capital em relação ao Estado livre forçava aquele a, por seu lado, intervir pela liberdade, pelo poder e grandeza da Nação.

O problema do Estado em relação ao capital tornava-se assim simples e claro. Ele só teria de fazer com que o capital se mantivesse a serviço do Estado e evitar que ele se convencesse de que era o dono da nação. Essa atitude podia manter-se em dois limites: conservação de uma economia viva nacional e independente, de um lado, garantia de direitos sociais dos empregados, do outro lado.

Anteriormente eu não tinha conseguido ainda distinguir, com a clareza que seria de desejar, a diferença entre o capital considerado como resultado final do trabalho produtivo e o capital cuja existência repousa exclusivamente na especulação.

Essa diferença foi exaustivamente tratada e esclarecida por Gottfried Feder, professor em um dos cursos já por mim citados.

Pela primeira vez na minha vida assisti a uma exposição de princípios relativa ao capital internacional, no que diz respeito a movimentos de bolsa e empréstimos. Depois de ter ouvido a primeira preleção de Feder, passou-me imediatamente pela cabeça a idéia de ter então encontrado uma das condições básicas para a fundação de um novo partido.

Aos meus olhos o mérito de Feder consistia em ter pintado, com as cores mais fortes, o caráter especulativo, assim como econômico, do capital internacional e ter mostrado a sua eterna preocupação de juros.

As suas exposições eram tão certas em todas as questões fundamentais, que os críticos delas desde logo combatiam menos a veracidade teórica da idéia do que a possibilidade prática de sua execução. Assim, aquilo que aos olhos de outros era considerado o lado fraco das idéias de Feder, constituía, aos meus, o seu ponto mais forte.

A missão de um doutrinador não é a de estabelecer vários graus de exeqüibilidade de uma determinada causa, e sim a de esclarecer o fato em si. Isso quer dizer que ele deve se preocupar menos com o caminho a seguir do que com o fim a atingir. Aqui, o que decide é a veracidade, em princípio, de uma idéia, e não a dificuldade de sua execução. Assim que o doutrinador procura, em lugar da verdade absoluta, levar em consideração as chamadas "oportunidades" e "realidades", deixará ele de ser uma estrela polar da humanidade para se transformar em um receitador cotidiano. O doutrinador de um movimento deve estabelecer a finalidade deste; o político deve procurar realizá-lo. Um, portanto, dirige seu modo de pensar pela eterna verdade, o outro é dirigido na sua ação pela realidade prática. A grandeza de um reside na verdade absoluta e abstrata de sua idéia, a do outro, no ponto de vista certo em que se coloca com relação aos fatos e ao aproveitamento útil destes, sendo que a este último deve servir de guia o objetivo do doutrinador. Enquanto o sucesso dos planos e da ação de um político, isto é, a realização dessas ações, pode ser considerado como pedra-de-toque da importância desse político, nunca se poderá realizar a última intenção do doutrinador; pois ao pensamento humano é dado compreender as verdades, armar ideais claros como cristal, porém a realização desses ideais tem de se esboroar diante da imperfeição e insuficiência humanas. Quanto mais abstratamente certa e, portanto, mais formidável for uma idéia, tanto mais impossível se torna a sua realização, uma vez que ela depende de criaturas humanas. É por isso que não se deve medir a importância dos doutrinadores pela realização de seus fins, e sim pela verdade destes e pela influência que eles tiveram no desenvolvimento da humanidade. Se assim não fosse, os fundadores de religiões não poderiam ser considerados entre os maiores homens deste mundo, porquanto a realização de suas intenções éticas nunca será, nem aproximadamente, integral. Mesmo a religião do amor, na sua ação, não é mais do que um reflexo fraco da vontade de seu sublime fundador; a sua importância, entretanto, reside nas diretrizes que ela procura imprimir ao desenvolvimento geral da cultura e da moralidade entre os homens.

A grande diversidade entre os problemas do doutrinador e os do político é um dos motivos por que quase se encontra uma união entre os dois, em uma mesma pessoa. Isso se aplica sobretudo ao chamado político de "sucesso", de pequeno porte, cuja atividades de fato nada mais é do que a "arte do possível", como modestamente Bismarck cognominava a política. Quanto mais livre tal político se mantém de grandes idéias, tanto mais fáceis, comuns e também visíveis, sempre, entretanto mais rápidos, serão os seus sucessos. É verdade também que esses estão destinados ao esquecimento dos homens e, às vezes, não chegam a sobreviver à morte de seus criadores. A obra de tais políticos é, de modo geral, sem valor para a posteridade, pois o seu sucesso no presente repousa no afastamento de todos os problemas e idéias grandiosos que, como tais, teriam sido de grande importância para as gerações futuras.

A realização de idéias destinadas a ter influência sobre o futuro é pouco lucrativa e só muito raramente é compreendida pela grande massa, à qual interessa mais reduções de preço de cerveja e de leite do que grandes planos do futuro, de realização tardia e cujo benefício, finalmente, só será usufruído pela posteridade.

É assim que, por uma certa vaidade, vaidade essa sempre inerente à política, a maioria dos políticos se afasta de todos os projetos realmente difíceis, para não perder a simpatia da grande massa. O sucesso e a importância de tal político residem exclusivamente no presente e não existem para a posteridade. Esses microcéfalos pouco se incomodam com isso: eles se contentam com pouco.

Outras são as condições do doutrinador. A sua importância quase sempre está no futuro; por isso, não é raro ser ele considerado lunático. Se a arte do político é considerada a arte do possível, pode-se dizer do idealista que ele pertence àqueles que só agradam aos deuses, quando exigem e querem o impossível. Ele terá de quase sempre renunciar ao reconhecimento do presente; colhe, entretanto, caso suas idéias sejam imortais, a glória da posteridade.

Em períodos raros da história da humanidade pode acontecer que o político e o idealista se reúnam na mesma pessoa. Quanto mais íntima for essa união, tanto maiores serão as resistências opostas à ação do político. Ele não trabalha mais para as necessidades ao alcance do primeiro burguês, e sim por ideais que só poucos compreendem. É por isso que sua vida é alvo do amor e do ódio. O protesto do presente, que não compreende o homem, luta com o reconhecimento da posteridade pela qual ele trabalha.

Quanto maiores forem as obras de um homem pelo futuro, tanto menos serão elas compreendidas pelo presente; tanto mais pesada é a luta, tanto mais raro é o sucesso. Se, em séculos, esse sorri a um, é possível que em seus últimos dias o circunde um leve halo da glória vindoura. É verdade que esses grandes homens são os corredores da Maratona da História. A coroa de louros do presente toca mais comumente às têmporas do herói moribundo.

Entre eles se contam os grandes lutadores que, incompreendidos pelo presente, estão decididos a lutar por suas idéias e seus ideais. São eles que, mais tarde, mais de perto, tocarão o coração do povo. Parece até que cada um sente o dever de no passado redimir o pecado cometido pelo presente. Sua vida e sua ação são acompanhadas de perto com admiração comovidamente grata, e conseguem, sobretudo nos dias de tristeza, levantar corações quebrados e almas desesperadas. Pertencem a essa classe não só os grandes estadistas, como também todos os grandes reformadores. Ao lado de Frederico, o Grande, figura aqui Martinho Lutero, bem como Richard Wagner.

Quando assisti à primeira conferência de Gottfried Feder sobre a "abolição da escravidão dos juros", percebi imediatamente que se tratava de uma verdadeira teoria destinada a imensa repercussão no futuro do povo alemão. A separação acentuada entre o capital das bolsas e a economia nacional oferecia a possibilidade de se enfrentar a internacionalização da economia alemã, sem ameaçar o princípio da conservação da existência nacional independente, na luta contra o capital. Eu via com bastante clareza o desenvolvimento da Alemanha, para não perceber que a maior luta não seria contra os povos inimigos e sim contra o capital internacional. Senti na conferência de Feder o formidável grito de guerra para a próxima luta.

Os fatos, mais tarde, vieram demonstrar quão certo era o nosso pressentimento de então. Hoje em dia não somos mais ridicularizados pelos idiotas da nossa política burguesa; hoje em dia, mesmo esses, desde que não sejam mentirosos conscientes, reconhecem que o capital internacional não foi só o maior instigador da guerra, como, mesmo após o término da luta, continua a transformar a paz num inferno.

O combate contra a alta finança internacional se tornou um dos pontos capitais do programa na luta da nação alemã pela sua independência econômica e pela sua liberdade.

Quanto às restrições feitas pelos chamados homens práticos, pode-se-lhes responder da seguinte maneira: são supérfluos todos os receios às terríveis conseqüências econômicas provenientes da realização da abolição da "escravidão do juro". Antes de tudo, as receitas econômicas até então usadas deram muitos maus resultados ao povo alemão. As atitudes com relação a uma afirmação nacional lembram-nos vivamente o parecer de peritos semelhantes de outros tempos: por exemplo, da junta médica bávara, com relação à questão da introdução da estrada de ferro. Todos os receios dessa sábia corporação não se realizaram; os viajantes dos trens, do novo cavalo a vapor, não ficavam tontos, os espectadores também não ficavam doentes e desistiu-se dos tapumes de madeira destinados a tornar essa nova organização invisível. Só se conservaram, para a posteridade, as paredes de madeira nas cabeças de todos os chamados peritos.

Em segundo lugar, deve se tomar nota do seguinte: toda idéia, por melhor que seja, torna se perigosa quando ela imagina ser *desideratum*, quando na realidade não é mais do que um meio para um fim. Para mim, porém, e para todos os verdadeiros nacional-socialistas, só há uma doutrina: Povo e Pátria.

O objetivo da nossa luta deve ser o da garantia da existência e da multiplicação da nossa raça e do nosso povo, da subsistência de seus filhos e da pureza do sangue, da liberdade e independência da Pátria, a fim de que o povo germânico possa amadurecer para realizar a missão que o criador do universo a ele destinou.

Todo pensamento e toda idéia, todo ensinamento e toda sabedoria devem servir a esse fim. Tudo deve ser examinado sob esse ponto de vista e utilizado ou rejeitado segundo a conveniência. Assim é que não há teoria que se possa impor como doutrina de destruição, pois tudo tem de servir à vida.

Foi assim que os dogmas de Gottfried Feder me incitaram a me ocupar de uma maneira decidida com esses assuntos que eu pouco conhecia.

Comecei a aprender e compreender, só agora, o sentimento e a finalidade da obra do judeu Karl Marx. Só agora compreendi bem seu livro *O Capital*, assim como a luta da social-democracia contra a economia nacional, luta essa que tem em mira preparar o terreno para o domínio da verdadeira alta finança internacional.

Também em outro sentido foram esses cursos de grandes conseqüências para mim. Certo dia pedi a palavra. Um dos presentes achou que devia quebrar lanças pelos judeus e começou a defendê-los em longas considerações. Essa atitude provocou de minha parte uma réplica. A grande maioria dos presentes ao curso colocou-se do meu lado. O resultado, porém, foi que poucos dias depois determinaram a minha inclusão num regimento de Munique como "oficial de cultura intelectual".

Naquela época a disciplina da tropa era bem fraca, pois ela sofria as conseqüências do período dos "Conselhos de Soldados". Só aos poucos e com muita cautela poder-se-ia ir restabelecendo a disciplina militar e a subordinação, em lugar da obediência "voluntária" — como se costumava designar o chiqueiro sob o regime de Kurt Eisner. A tropa tinha de aprender a sentir e a pensar de maneira nacional e patriótica. A minha atividade dirigia-se nesses dois sentidos.

Comecei o trabalho com todo o entusiasmo e amor. Tinha de repente a oportunidade de falar diante de um auditório maior, e verificou-se aquilo que já antigamente, sem saber, eu aceitava por puro sentimento: eu sabia "falar". Também a voz tinha melhorado bastante, a ponto de me fazer ouvir suficientemente em todos os pontos do pequeno compartimento dos soldados.

Não havia missão que me fizesse mais feliz do que essa, pois agora, antes de minha saída, poderia prestar serviços úteis à instituição que tão de perto me tocava o coração: o exército.

Posso dizer que a minha atuação foi coroada de êxito: centenas, talvez milhares de camaradas, foram por mim reconduzidos no decorrer das minhas lições, ao seu povo e à sua Pátria. Eu "nacionalizava" a tropa e podia, por esse meio, auxiliar a fortalecer a disciplina geral.

Ainda uma vez tive oportunidade de conhecer uma série de camaradas, os quais pensavam como eu e que mais tarde começavam a edificar a base do novo movimento.

(Fonte: *Minha Luta*, Adolf Hitler, Editora Mestre Jou, São Paulo, 1962. Também foi consultada e usada a edição publicada pela Editora Globo, Porto Alegre, 1939.)

“O forte é mais forte sozinho”

No capítulo precedente, tive ocasião de mencionar a existência de uma associação formada por ligas racistas alemãs, e desejo, aqui, elucidar, em poucas palavras, o problema dessas organizações.

Geralmente entende-se por associação trabalhista um agrupamento de ligas que, para facilitarem o seu trabalho, assumem compromissos recíprocos, escolhem uma direção comum, de competência mais ou menos reconhecida, para realizarem uma ação de conjunto.

Só por esse fato, já se vê que se trata de associações ou partidos, cujas finalidades são mais ou menos idênticas.

Para o tipo normal do cidadão é agradável e cômodo saber de, pelo fato de tais ligas se unirem formando uma associação, elas destacam os traços que as pode separar. Com isso surge a convicção de que a força de uma tal agremiação aumentou extraordinariamente e de que os pequenos grupos se transformaram subitamente em uma verdadeira potência.

Isso, porém, é quase sempre falso.

É interessante e, na minha opinião, de grande importância para a compreensão do problema, conseguir ver claramente como é possível a formação de ligas, associações, etc., todas visando à mesma finalidade.

Seria lógico que cada liga visasse apenas a um fim. Incontestavelmente, esse objetivo só tinha sido visado por *uma* liga. Em determinada liga, um indivíduo proclama uma verdade, convida outros a resolver uma questão, propõe uma finalidade e organiza um movimento que tende à realização de seu objetivo.

Funda-se assim uma associação ou um partido que, segundo seu programa, deve conseguir ou a supressão dos males existentes ou o estabelecimento de condições especiais para o futuro.

Hitler e seu círculo militar mais chegado, maio de 1940.

Hitler em Paris,
com Speer e Breker.

Hitler e sua tropa em Paris,
maio de 1940.

Logo que surge um tal movimento, possui ele praticamente um certo direito de prioridade.

Nada mais natural que todos os homens, visando ao mesmo objetivo, se filiassem ao novo movimento, fortalecendo-o, para melhor servirem à causa comum.

Cada indivíduo que pensa por si deveria ver em uma tal filiação a condição indispensável para o êxito da causa coletiva.

Para atingir esse objetivo só um movimento organizado pode ser eficiente. Há duas causas para que isso não se verifique. A uma delas eu daria o qualificativo de "trágica", a segunda reside na própria fraqueza humana. Em verdade, só vejo, em ambas essas causas, fatos que se prestam a reforçar a vontade e a energia humanas e, por uma educação aprimorada da atividade dos homens, a tornar possível a solução desse problema.

Eis a razão pela qual nunca uma liga por si só pode dar a solução de um determinado problema. Toda realização importante será geralmente a satisfação de um desejo alimentado, de há muito, secretamente, por milhões de entes humanos.

Pode suceder que, durante séculos e séculos, se anseie pela solução de um determinado problema, sem que, por causa da pressão de condições difíceis, jamais chegue a realização desses anelos.

Deve-se dar o qualificativo de impotentes aos povos que, em uma tal emergência, não encontram uma solução heróica. A força vital de um povo, o seu direito à vida, se manifestam do modo mais impressionante, no momento em que esse povo recebe a graça de um homem que o destino reservou para a realização de suas aspirações, isto é, para a libertação de um grande cativeiro, para a supressão de amargas dificuldades.

É um fenômeno típico de todos os problemas do momento que milhares trabalhem na sua solução, que muitos se julguem predestinados, para que, enfim, a sorte, no jogo das forças, escolha o mais competente para confiar-lhe a solução do problema.

Assim, pode acontecer que durante muitos séculos, descontentes com a conformação de sua vida religiosa, aspirem a uma inovação e que, dessa aspiração moral, surjam dúzias de homens que se crêem eleitos, pela sua clarividência ou pelo seu saber, como profetas de uma nova doutrina ou pelo menos como lutadores contra outra já existente.

Aqui também, pela ordem natural das coisas, certamente será o mais forte quem for escolhido para cumprir a grande missão; apenas os outros só muito tardiamente reconhecem o fato de ser este o único eleito. Ao contrário, todos se julgam com os mesmos direitos e predestinados a resolver o problema, sendo que a coletividade é que menos sabe distinguir quem dentre eles é capaz de realizar a mais alta missão, quem merece o apoio de seus semelhantes.

É desse modo que, no decorrer dos séculos, às vezes até dentro de uma mesma época, surgem diferentes homens que organizam movimentos que visam, pelo menos na teoria, a finalidades idênticas ou assim julgadas pela grande maioria. O povo nutre desejos vagos e convicções indeterminadas, sem saber explicar com clareza o que realmente constitui a essência da sua finalidade ou do seu desejo próprio, ou mesmo da possibilidade de sua realização.

O ponto trágico reside no fato de que esses indivíduos aspiram, por caminhos diferentes, a fim idêntico, sem se conhecerem entre si; e, por isso mesmo, na forma mais ingênua em sua própria missão, vão seguindo o seu caminho, julgando-se no dever de cumpri-la sem a menor consideração para com os outros.

Que tais movimentos, partidos, agrupamentos religiosos, complementares independentes uns dos outros, surjam das aspirações uns dos outros, surjam das aspirações gerais, em dado momento histórico, para encaminhar a sua atividade na mesma direção, é o que, pelo menos à primeira vista, parece lastimável, por prevalecer a opinião geral de que as forças dispersadas em rumos diferentes e depois concentradas em um só conduzem, mais depressa e mais seguramente, ao sucesso almejado. Tal, porém, não se verifica. A natureza, na sua lógica implacável, decide a questão, deixando entrarem em luta os diferentes grupos na competição pela vitória e conduzindo ao fim almejado o movimento dos que tiverem escolhido o caminho mais reto, mais curto e mais seguro.

Como, porém, determinar se estava certo ou errado o caminho seguido, quando as forças se exercem livremente, quando a última decisão deriva da resolução doutrinária de sabichões e é entregue às infalíveis demonstrações do sucesso visível que, no final de contas, é sempre a sanção última de uma ação?

Se, portanto, diversos grupos visam ao mesmo alvo por caminhos diferentes logo que tomarem conhecimento da analogia de suas aspirações com as dos outros, submeterão o seu programa a um exame mais minucioso, tentando com redobrado esforço alcançar o fim o mais depressa possível.

Essa concorrência tem por fim um aperfeiçoamento do combate individual e não é raro que a humanidade deva o triunfo de suas doutrinas ao fracasso de tentativas precedentes. Assim é que podemos reconhecer, no fato aparentemente lamentável da dispersão inicial e inconsciente, o remédio pelo qual chegaremos ao melhor resultado.

A história nos mostra — e nisso quase todas as opiniões estão de acordo — que os dois caminhos abertos à solução do problema alemão, cujos principais representantes e campeões eram a Áustria e a Prússia, Habsburgos e Hohenzollern, desde o princípio deveriam correr paralelos. Segundo essas opiniões, nossas forças se deveriam ter unificado e tomado uma ou outra dessas direções. Naquele tempo, porém, o caminho escolhido foi o menos importante; as intenções, entretanto, nunca teriam conduzido à construção de um Reich alemão.

O Reich alemão surgiu justamente daquilo que milhões de alemães consideravam, com o coração sangrando, como o último e mais terrível emblema da nossa briga entre irmãos:

a coroa imperial da Alemanha saiu verdadeiramente do campo de batalha de Königgrätz e não dos combates de Paris, como geralmente se supõe.

A fundação do Reich alemão não foi o resultado de qualquer aspiração comum animando iniciativas comuns; resultou muito mais de uma luta, ora consciente ora inconsciente, pela hegemonia, dessa luta foi a Prússia que saiu vitoriosa por fim. E quem não se deixa cegar por partidos políticos, renunciando assim à verdade, terá de confirmar que a chamada sabedoria humana nunca teria tomado a sábia resolução que resultou do livre jogo das forças reais.

Quem nos países de raça alemã teria acreditado, há duzentos anos, que não os Habsburgos, mas a Prússia dos Hohenzollern seria um dia a célula *mater*, a pedra fundamental do novo reino?! Quem, ao contrário, ainda se meteria a negar hoje que o destino fez bem, agindo assim? Quem poderia ainda imaginar um Reich alemão implantado sobre as bases de uma dinastia corrompida e decadente?

Não, a evolução natural, se bem que após uma luta secular, assegurou à melhor parte do povo alemão o lugar que lhe compete. Foi e será sempre assim na vida das nações.

Não se deve, pois, lamentar o fato de diferentes indivíduos se porem a caminho para atingir o mesmo alvo: o mais forte e o mais expedito será sempre o vitorioso.

Na vida dos povos, ainda há uma segunda causa que determina freqüentemente que movimentos de aparência idêntica procurem, por vias diversas, uma finalidade aparentemente idêntica. Essa causa, por demais deplorável, é conseqüência de um misto de inveja, ciúme, ambição e desonestidade, sentimentos que se encontram, infelizmente, às vezes reunidos em um mesmo indivíduo.

Logo que aparecer um homem que conheça profundamente as misérias do seu povo e que procure enxergar claramente a natureza dos seus males, tentando remediar tudo, logo que ele visar a um fim e traçar o caminho a seguir,

> **"Realização criadoras só podem surgir quando se dá a aliança do saber com a capacidade."**

imediatamente os espíritos mais mesquinhos ficam atentos, seguindo com ansiedade os passos desse homem que chamou sobre si a atenção geral.

Esses indivíduos se portam como os pardais, que, aparentemente sem nenhum interesse, na realidade observam com ansiedade e com a intenção de furtar um companheiro mais feliz que logra achar uma migalha de pão. Basta que um indivíduo enverede por um novo caminho para que muitos vagabundos fiquem alerta, farejando qualquer petisco saboroso que possa ter sido jogado nesse caminho. Logo que o descobrem, põem-se em marcha para alcançar o alvo, se possível por um atalho.

Uma vez, lançado o novo movimento e fixado o seu programa definido, aparece aquela gente pretendendo bater-se pelas mesmas finalidades; isso, porém, é mentira, pois eles não se alistam nas fileiras da causa para reconhecer-lhes a prioridade, mas, ao contrário, plagiam seu programa, lançando sobre ele os fundamentos de novo partido. Nisso tudo eles se mostram desavergonhados, afirmando ao público inconsciente que as intenções do outro partido já havia muito tempo eram as suas também; e o pior é que, com essas pretensões, conseguem aos poucos aparecer sob um prisma simpático, em vez de caírem no desprezo geral que mereciam. Pois não é uma grande falta de vergonha tomar a si a missão proclamada pela bandeira alheia, refutar as diretrizes do programa alheio, para depois seguir seus próprios caminhos como se tivesse sido o plagiário e criador de tudo? O maior descaramento consiste em serem esses elementos — aliás, os primeiros causadores da dispersão, por suas sucessivas inovações — os que mais proclamam a necessidade da união, logo que se convencem de não poderem tomar a dianteira do adversário.

É a um processo desses que se deve a chamada "dispersão elementos racistas". Aliás, como a evolução natural das coisas tem provado suficientemente, a formação de toda uma série de grupos e partidos denominados racistas, nos anos de 1918 e 1919, foi um acontecimento que não pode ser absolutamente atribuído aos seus autores. Desses fatos todos, já no ano de 1920 tinha surgido vitorioso o Partido Nacional-Socialista dos Trabalhadores Alemães. Não pode haver melhor prova da honestidade proverbial dos promotores desse movimento do que a decisão, verdadeiramente admirável, de muitos deles, de sacrificarem ao movimento mais forte o outro por eles chefiado e cujo sucesso era muito menor, havendo, por isso, conveniência em dissolvê-lo ou incorporá-lo incondicionalmente.

Isso se aplica sobretudo a Julius Streicher, o principal campeão do Partido Socialista de Nuremberg. Naquela época, o Partido Nacional-Socialista dos Trabalhadores Alemães e o Partido Socialista Alemão tinham nascido inteiramente independentes um do outro, mas visando às mesmas finalidades. O principal precursor nas lutas preparatórias para a formação do Partido Socialista Alemão foi, como já dissemos, Julius Streicher, então professor em Nuremberg. A princípio, estava ele também solenemente convencido da missão futura do seu movimento. No momento, porém, em que não restava mais dúvida nenhuma sobre a força maior e a maior extensão do Partido Nacional Socialista dos Trabalhadores Alemães, renunciou ele à sua atividade na propaganda do Partido Socialista Alemão, incitando os seus adeptos a enfileirarem-se no Partido Nacional-Socialista dos Trabalhadores Alemães, que tinha saído vitorioso na luta recíproca.

Propôs-se então a batalhar em nossas fileiras pelo ideal comum, o que constitui uma resolução tão heróica quanto digna de um homem de bem.

Nessa primeira fase do movimento não se verificou nenhuma dispersão, e quase por toda parte a vontade bem-intencionada dos homens da época conduzia a um resultado honesto e seguro. Aquilo que hoje entendemos por "dispersão dos elementos racistas" deve sua existência, como já acentuamos, à segunda causa por mim mencionada (e isso sem exceção): homens ambiciosos, que antes nunca tinham visado a fins próprios nem possuído idéias próprias, sentiram a sua "vocação" precisamente no momento em que os sucessos do Partido Nacional-Socialista dos Trabalhadores Alemães começavam a firmar-se.

Surgiram, então, programas, do começo ao fim, copiados dos nossos, combates por idéias decalcadas sobre as nossas, exposição de finalidades já havia anos visadas por nós, escolha de caminhos havia muito já trilhados pelo nosso Partido. Procurou-se por todos os meios achar um motivo para a formação obrigatória desses novos partidos, já existindo havia tanto tempo o nosso. Quanto mais nobres eram os pretextos, menos verdade continham.

Na verdade um único motivo era a causa de tudo: a ambição pessoal dos fundadores de representar um papel dificilmente preenchido pela sua própria pequenez, se não fosse uma grande ousadia de adotar pensamentos alheios, com uma petulância que, na vida burguesa, só se costuma atribuir aos ladrões. Naquela época não existiam representações nem idéias alheias de que semelhante cleptômano político não se apoderasse logo para servir aos seus novos interesses. Os autores de tal plágio eram, porém, os mesmos indivíduos que mais tarde, com lágrimas nos olhos, ousavam deplorar profundamente a "dispersão dos elementos racistas", falando sem cessar da "necessidade da união", na secreta esperança de, finalmente, embrulharem os outros de tal maneira que estes, cansados de ouvir os gritos de eterna acusação, lhe faziam presente não só das idéias roubadas como também dos movimentos criados para propagá-las.

Se, todavia, não conseguiam isso e se as novas empresas não rendiam o que se esperava delas, em razão da pequena capacidade intelectual de seus diretores, a coisa se liquidava mediante um preço menor, e já se considerava feliz quem nesse caso pudesse ingressar em uma das tais associações trabalhistas.

Todos os que, naquele tempo, não conseguiam manter-se independentemente, filiavam-se a tais associações, inspirados talvez na crença de que oito aleijados de braços dados certamente serão equivalentes a um gladiador.

Se ocorria que entre os aleijados aparecesse de fato um que não o fosse, tinha este de despender toda a sua força só para manter os outros de pé, acabando finalmente por ficar inválido também. É preciso considerar sempre como uma questão de tática a cooperação nessas chamadas associações trabalhistas; não devemos, porém, nos afastar nunca da seguinte verdade fundamental: a formação de uma associação trabalhista nunca concorrerá para transformar ligas fracas em poderosas; uma liga forte, ao contrário, pode às vezes enfraquecer-se por causa daquelas. É falsa a suposição de que da fusão de grupos fracos possa resultar um fator de energia, pois a maioria, sob toda e qualquer forma e em todas as hipóteses, tem sido sempre a representante da tolice e da covardia. É assim que todas as ligas, dirigidas por muitas cabeças, estão fatalmente voltadas à covardia e à fraqueza. Acresce ainda que uma tal coesão impede o livre exercício das forças, a luta pela seleção do melhor elemento, barrando assim a possibilidade da vitória final, que deve coroar o mais sadio e mais forte.

Semelhantes coalizões são, portanto, contrárias à seleção natural, impedindo, na maior parte das vezes, a solução do problema a resolver.

Pode suceder que considerações de ordem puramente estratégica possam induzir a chefia suprema do movimento

Encontro de Hitler com Mussolini,
em Munique, setembro de 1937.

a concluir, por um curto período, um pacto com ligas desse gênero, a fim de tratar determinadas questões e talvez empreender até alguns passos em comum. Semelhantes relações, entretanto, não devem nunca se prolongar indefinidamente, se o movimento não quiser renunciar à sua missão redentora. É que, uma vez que se empenha em uma tal união, o movimento perde a possibilidade e o direito também de exercer plenamente sua própria força, no sentido de uma evolução natural, como seja a derrota dos rivais e a vitória do fim que se propõe.

Ninguém deve esquecer que tudo o que há de verdadeiramente grande neste mundo não foi jamais alcançado pelas lutas de liga, mas representa o triunfo de um vencedor único. O êxito de coalizões já traz na sua origem o germe da corrupção futura. Na realidade só se concebem grandes revoluções suscetíveis de causar verdadeiras mutações de ordem espiritual, quando arrebentam sob a forma de combates titânicos de elementos isolados, nunca, porém, como empreendimento de combinações de grupos.

É assim que, antes de tudo, o Estado nacionalista nunca será criado pela vontade vacilante de uma associação nacional de operários, mas unicamente pela vontade férrea do movimento que sozinho alcançou a vitória na luta contra todos.

(Fonte: *Minha luta*, Adolf Hitler, Editora Mestre Jou, São Paulo, 1962. Também foi consultada e usada a ed. da Editora Globo, Porto Alegre, 1939.)

O *Führer* num artístico retrato de Hoffmann.

A personalidade de Hitler

Jean-Michel Angebert

A personalidade de Hitler sempre foi um enigma, mesmo para os seus mais próximos colaboradores; daí que, com mais fortes razões, os historiadores desejosos de esboçarem um retrato fiel do mestre do III Reich se encontrarem numa situação embaraçosa.

Hitler já foi descrito, indiferentemente, como um louco, um gênio, um possesso, um criminoso, e mesmo um pequeno-burguês, o que, confessemo-lo, é bastante paradoxal e contraditório.

Como qualquer personalidade excepcional, Adolf Hitler possuía um espírito complexo, indefinido, escapando a qualquer julgamento completo. As noções do bem e do mal deixam de ter sentido logo que se aplicam a tal personagem, cujo caráter estranho atrai sempre as multidões ávidas de não se sabe que mistério.

Conhecem-se os seus dons de orador, pregando o novo evangelho dos arianos, ressuscitando com uma intuição inquietante a eloqüência medieval dos profetas místicos e iluminados. Não foi ele mesmo quem evocou, em *Mein Kampf*, o poder mágico do verbo?

Quando se dirigia às multidões, Hitler entrava verdadeiramente em transe, estabelecendo uma comunicação mediúnica com o auditório, projetando o seu fluido para a massa, da qual recebia em troca o impulso como um acumulador recebe a corrente elétrica. Era efetivamente o *Trommel*, o tambor da Alemanha, como ele próprio gostava de intitular-se.

"Este homem", escreve Otto Strasser (*Hitler et moi*), "que, tal como uma membrana sensível, registra as vibrações do coração humano, soube, com uma intuição que nenhum dom consciente podia substituir, tornar-se porta-voz dos desejos mais secretos, dos instintos menos confessáveis, dos sofrimentos e revoltas íntimas do seu povo".

Se Hitler conseguiu desempenhar esse papel de magnetizador do povo alemão, deve-o, sem dúvida, às suas origens bávaras. O sul da Alemanha é um autêntico viveiro de médiuns: Stockhamer, os irmãos Schneider, ocultistas conhecidos no mundo inteiro, não nasceram, como Adolf Hitler, na pequena cidade de Braunau?

Nos encontros privados que teve com as celebridades do seu tempo, o *Führer* guardava esse mesmo poder de fascinação. Uma das suas secretárias conta-nos o fato: "Quando Hitler falava, fosse com um único interlocutor ou frente a uma multidão, esse dom manifestava-se com a mesma intensidade. Ele fascinava literalmente e impunha a sua vontade. (...) Hitler liberava esse fluido magnético que nos aproxima das pessoas ou que, pelo contrário, nos afasta (...) É essa extraordinária força sugestiva que explica o fato de certos homens o terem vindo ver completamente desesperados e partirem cheios de esperança".

No processo de Nuremberg, o marechal von Blomberg confirmará com o seu testemunho estas palavras, que podem parecer exageradas: "Era quase impossível contradizer Hitler, não unicamente porque falava sempre com uma extrema volubilidade e uma grande violência, mas também porque ele possuía, de homem para homem, uma tal irradiação que éramos mais ou menos forçados a segui-lo e a partilhar as suas idéias. Quer ele se dirigisse a um homem só ou a um milhão, era absolutamente o mesmo. Seduzindo-nos, ele convencia-nos contra a nossa vontade. O seu magnetismo pessoal era formidável. O seu poder de sugestão era enorme".

E Keitel disse: "Hitler era um formidável motor". Como é que o *Führer* exercia esse poder? Seria pela voz, essa torrente áspera que parecia rolar todas as pedras dos Alpes austríacos, ou pelo olhar azul que fazia fremir ou encantar ao mesmo tempo e de que o escritor Alphonse de Chateaubriand dizia que era "de um azul profundo como as águas do seu lago de Königsee, quando o lago, à volta de Sankt Bartholoma, reflete as enormes brechas estriadas de nuvens do seu Tirol?" Por seu lado, o historiador Benoist-Méchin, que freqüentou o *Führer* em 1941, ficou impressionado por esse olhar estranho: "Quanto aos seus olhos — dois olhos tão estranhos que nada mais vi, no início —, eram de um azul claro e transparente, com laivos de cinzento. Podia-se dizer à primeira impressão que estavam vazios e como que privados de vida. Mas depressa se era obrigado a rever esse juízo. O que dava essa sensação de vazio era a sua fixidez. Parecia que as pupilas de Hitler, em vez de observarem o mundo, estavam viradas para dentro e seguiam um espetáculo que se desenrolava no fundo dele próprio. O olhar da maior parte das pessoas, quando nos fixa, atravessa-nos, enquanto o do chanceler, diferentemente, parecia sugar-nos e arrastar-nos para o seu mundo interior. Sentia-se uma espécie de vertigem, à qual não nos podíamos subtrair senão por meio dum esforço de vontade".

Segundo as observações e os testemunhos de alguns homens que o conheceram, certos autores acreditaram poder afirmar que Hitler era manipulado por forças invisíveis, os "Superiores Desconhecidos" evocados por Hermann Rauschning. Dotado de uma força mental extraordinária, o *Führer* teria escapado das mãos dos seus iniciadores e, tal como o *golem* da Idade Média, ter-se-ia virado contra os seus criadores. A acreditarmos em Rauschning (*Hitler m'a Dit*), o *Führer* teria entrado em contato com seres misteriosos que o aterrorizavam: "Uma pessoa da sua intimidade disse-me que Hitler acordava de noite soltando gritos convulsivos. Chama por socorro. Sentado na beira da cama, está como que paralisado. Possuído de um pânico extremo, que o faz tremer a ponto de sacudir a cama. Pronuncia vociferações confusas e incompreensíveis. Ofegante como se estivesse quase a asfixiar.

A mesma pessoa contou-me uma dessas crises com tais detalhes, que me recusaria a crer se a minha fonte informativa não fosse segura. Hitler estava de pé no seu quarto, cambaleando, olhando à sua volta com uns olhos alucinados. 'É ele! Ele veio aqui', murmurava Hitler. Os seus lábios estavam roxos. O suor corria em grossas bagas. Subitamente começa a pronunciar números sem nenhum sentido e depois palavras, pedaços de frases. Era horrível. Ele pronunciava termos bizarramente reunidos, absolutamente estranhos. De repente tornou-se de novo silencioso mas continuando a mexer os lábios. Tinham-no friccionado, obrigando-o a tomar uma bebida quente. Após o que, de repente, ele tinha gritado: 'Ali! Ali!, no canto. Quem está aí?' Batia com o pé nas paredes e gritava. Serenaram-no, dizendo-lhe que nada de extraordinário se passava e então foi se acalmando pouco a pouco[1]".

Mesmo que se ponha em dúvida o precedente testemunho, o certo é que a personalidade de Hitler apresenta um caráter bastante desconcertante. Goebbels, o ministro da Propaganda, que era um dos seus íntimos, disse um dia ao seu ajudante-de-campo, o príncipe Schaumbourg-Lippe: "Trabalho com ele há muitos anos, vejo-o quase todos os dias e, todavia, há momentos em que ele me escapa completa-

[1] Hermann Rauschning, *Hitler m'a Dit*, p. 284-285.

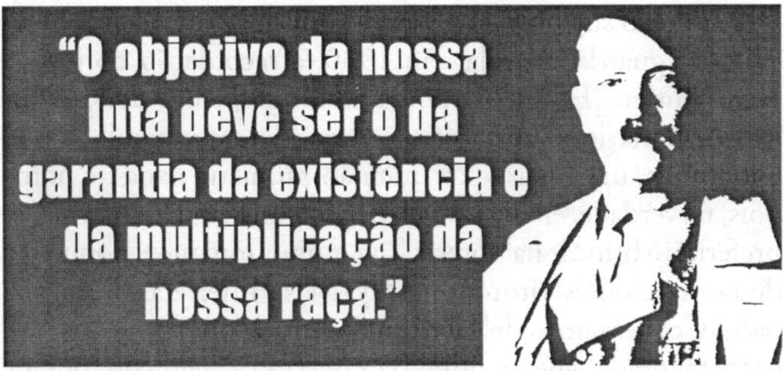

mente. Quem se pode gabar de o ter visto tal e qual como ele é? No mundo da fatalidade absoluta em que ele se move, nada mais possui sentido, nem o bem, nem o mal, nem o tempo, e aquilo a que os homens chamam sucesso não pode servir-lhe de critério. Tomais-me por um doido, mas escutai o que vos digo: é provável que Hitler termine numa catástrofe. Mas as suas idéias transformadas adquirirão uma nova força. Hitler tem inimigos no mundo que pressentem a sua personalidade, mas duvido que ele tenha um só amigo que o saiba, à parte eu. E, apesar disso, o que ele é, em última instância, ignoro-o. É ele realmente um homem? Não o posso jurar. Existem momentos em que ele me faz tremer".

As palavras de Hitler, "Eu sigo o caminho que a Providência me indica, com a segurança de um sonâmbulo", situam-no no sentido da hipótese dos poderes sobrenaturais.

Mas donde lhe viriam tais poderes? Do grupo Thulé, que o tinha iniciado no esoterismo do Oriente? Do misterioso monge de luvas verdes enviado pelos sábios do Tibete? Ou de uma revelação mais antiga? Não esqueçamos a infância de Hitler, imersa no romantismo e no maravilhoso, nem a famosa abadia de Lambach, onde foi aluno com a idade de dez anos. É nessa época que o destino lhe revela o emblema que devia fazer a sua ventura e a sua desgraça: a cruz gamada — a suástica.

O velho superior da abadia de Lambach do Traun (Alta Áustria) guardava ainda, em 1930, a recordação do jovem Adolf Hitler: "Hitler não podia passar despercebido. O filho do funcionário alfandegário reformado era, aos olhos dos habitantes, um mau rapaz que não prometia nada de bom, pois, na verdade, era suscetível, indisciplinado, faltava às aulas, preferindo brincar na floresta. Lia muitos romances populares de faroeste do escritor Karl May. Mas Hitler era muito dotado. Conservamos dele a idéia de uma criança voluntariosa e atormentada, que se submetia extasiado à beleza dos ofícios divinos, deixando-se ganhar pela poesia das nossas galerias calmas, das alamedas sonoras e dos túmulos. Ele tinha atraído a nossa atenção, não tendo, portanto, mais do que uma dezena de anos, pelas suas maneiras de chefe e a autoridade do seu porte. Era ele quem conduzia os camaradas através do claustro, mostrando-lhes os respectivos lugares nos bancos da aula".

Da abadia de Lambach, Hitler reterá uma precoce experiência mística que se desenvolverá mais tarde com tendências neognósticas catarizantes, e sobretudo o sinal da cruz gamada, gravada trinta anos antes no mosteiro pelo abade Theodorich Hagen. Eclesiástico muito erudito, o padre Hagen era mais ou menos versado em astrologia. Era igualmente um especialista do Apocalipse segundo S. João, que sabemos ter sido a base da religião cátara, e de Joaquim de Flore, o célebre autor visionário, profeta do III Império e do Espírito Santo, acusado pelos teólogos de simpatia pela heresia albigense.

Em 1856, o padre Hagen iniciou uma longa viagem ao Oriente Próximo, detendo-se, entre outros locais, em Jerusalém e na Ilha de Patmos (onde S. João teve as visões celestes). Visitou também a Pérsia, a Arábia, a Turquia e o Cáucaso, estudando, sem, dúvida, o sofisma islâmico, à procura da unidade transcendental das religiões. Regressando a Lambach, em 1868, esse curioso beneditino mete-se imediatamente em busca de operários e de ebanistas, a quem ordena que esculpam em todos os cantos da abadia, na pedra, na madeira e mesmo nos objetos de culto, um símbolo desconhecido de todos: a suástica ou cruz gamada. Esse exemplo é único nos anais da Igreja. Mas Hagen seria ainda católico quando gravou esse sinal fatídico, venerado no Ocidente por neognósticos, cátaros e templários?

Sublinhemos um outro fato que vem juntar-se ao peso dessas perturbadoras revelações: quando o jovem Adolf Hitler era ainda aluno na célebre abadia, um monge cisterciense de nome Adolf Joseph Lanz, fisicamente correspondendo ao tipo ariano, louro, olhos azuis, faz uma estada em Lambach. Esse homem, atraído pela austeridade da vida monástica, ficou várias semanas fechado na biblioteca do mosteiro, onde procedia a misteriosas pesquisas. Acaso teria descoberto o que procurava? A verdade, porém, é que, renunciando à vida religiosa, o monge partiu para Viena, onde, um ano mais tarde (1900), fundava a Ordem do Novo Templo, inspirada, como o seu nome indica, nos célebres monges-soldados, os Templários, e da qual ele se proclama o novo Grande Mestre.

Segundo o próprio Adolf Lanz, foi um sucessor de Jacques de Molay quem o iniciou. De acordo com Wilfried Daim, Hitler lia assiduamente *Ostara*, o periódico publicado desde 1905 por Joseph Lanz, que, fato sintomático, também utilizava a cruz gamada como sinal de reunião. Para Lanz, as raças inferiores, de cabelos escuros, eram os símios de Sodoma representados pela Bíblia, os demônios, por oposição aos arianos, louros, de olhos azuis, obra-prima dos deuses, dotados com "estações de força" e "órgãos elétricos", que lhes asseguravam uma supremacia absoluta sobre todas as outras criaturas. Lanz pretendia acordar os deuses que dormitavam no homem, a fim de o dotar de novo com a força divina, que lhe daria o poder original. Lanz pretendia assim ter formado inúmeros grandes homens políticos, particularmente Adolf Hitler... e lord Kitchener. Adolf Hitler, orientado desde criança, pode muito bem se beneficiar, tal como os dalais-

Hitler ao lado de Ernst Röhm, um dos seus subordinados das SA.

lamas do Tibete, de uma mesma iniciação, completada por aquisições ulteriores, o que explica o seu ódio à Igreja romana, de quem fustigava "a intolerância", e as suas invocações constantes de uma religião que ele dizia pessoal, mas que na realidade não era senão uma ressurgência tardia do catarismo templário.

Joseph Greiner, que conheceu Hitler em Viena e em Munique, informa-nos que entre as leituras preferidas do *Führer* se encontrava *La Mythologie Germanique*. Ainda segundo Greiner, Hitler "retinha na memória melhor que muitos professores o conteúdo dos vinte e cinco mil versos de Parsifal. Lutero e toda a história da Reforma agradavam-lhe bastante e manifestava vivo interesse pelo dominicano Savonarola. Estava também extraordinariamente bem informado sobre as atividades de Zwinglio em Zurique, e as de Calvino em Genebra, e tinha lido os ensinamentos de Confúcio, tal como os de Buda, e das épocas respectivas. Leu igualmente várias obras sobre Moisés, Jesus e as origens do cristianismo, estudando mesmo, a esse respeito, as obras de Renan e de Rosaltis. Entre os clássicos, leu Shakespeare, Goethe, Schiller, Herder, Wieland, Ruckert e Dante; dos contemporâneos, Scheffel, Stifter, Hammerling, Hebbel, Rosegger, Hauptmann, Zola, Sudermann e Ibsen".

Ao conhecermos as leituras preferidas de Hitler, verificamos que a sua escolha possuía certas motivações específicas. O estudo da sabedoria oriental e tibetana, do nascimento do cristianismo, que viu florescer os autores gnósticos, depois da reforma anticatólica, completa-se com a leitura de autores cujas obras são fortemente impregnadas de esoterismo: Dante, Goethe e, mais próximo de nós, Hauptmann.

As tendências de cultivar o estranho acentuar-se-ão sempre com uma força maior, e a vida privada de Adolf Hitler mostranos um homem vítima de uma delirante mística religiosa que muito freqüentemente será interpretada ao contrário.

Ninguém ignora, assim, que Hitler era vegetariano. Mas quem verdadeiramente se interroga sobre as autênticas razões de uma tal ascese, que ia a ponto de banir completamente qualquer bebida alcoólica? Não se pensou que o vegetarianismo hitleriano concordava admiravelmente com a doutrina cátara, assim como a recusa dos prazeres sensuais correspondia à ética dos perfeitos.

Para alguns íntimos, o *Führer* gostava de explicar os motivos do seu regime alimentar, sem, todavia, desvendar as razões profundas de uma tal disciplina. A Otto Dietrich e a Hermann Rauschning confiou que se abstinha de carne e de cigarros não unicamente por questões de higiene, mas também por convicção estruturada e para "uma purificação generalizada" de todo o seu ser. Nas conversações à mesa, Hitler não hesita em descrever o trabalho dos magarefes nos matadouros com os detalhes mais horríveis, a fim de causar aversão pelos pratos de carne aos seus convidados. Essas matanças de animais repugnavam-lhe profundamente porque, paradoxalmente, este homem, que ordena as execuções com tranqüilidade, chora a morte dos seus canários. Adora os animais e não encontra palavras suficientemente duras para condenar os caçadores, que detesta. Na verdade, Hitler acreditava na reencarnação das almas no corpo dos animais, como os budistas e os cátaros, que aderiam à metempsicose. É a única explicação plausível para o amor que o chanceler dedica à criação viva, e, em primeiro lugar, aos cães, que são os mais fiéis companheiros do homem. "Sou amigo dos animais", confessa Hitler, "e amo particularmente os cães". É também com uma real ternura que nos descreve o seu cão Foxl, por ele adotado durante a Primeira Guerra Mundial. "Foi em janeiro de 1915 que apanhei Foxl; ele perseguia um rato que tinha saltado para a nossa trincheira. Debatendo-se, experimentou morder-me, mas não o larguei. Trouxe-o comigo para a retaguarda, onde ele tentava fugir constantemente. Com uma paciência exemplar (ele não compreendia nenhu-

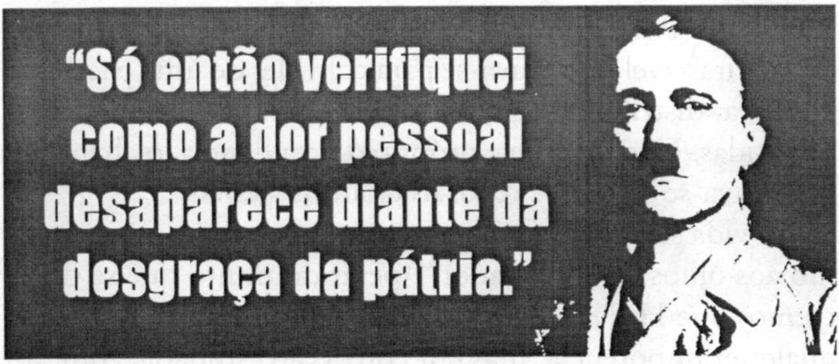

ma palavra de alemão), habituei-o pouco a pouco à minha presença. No princípio, não lhe dava senão biscoitos e chocolate: tinha adquirido esses hábitos com os ingleses, que eram mais bem alimentados do que nós. Depois, comecei a adestrá-lo. Nunca mais procurou fugir" (...). Não só tinha uma grande simpatia por esse animal como também estava interessado em estudar-lhe as reações. Acabou por lhe ensinar tudo: saltar obstáculos, subir e descer por uma escada. O essencial é que um cão durma sempre ao lado do seu mestre. "Quando devia ir para as linhas de combate e este se anunciava duro, prendia-o na trincheira. Os meus camaradas diziam-me que ele, durante a minha ausência, não se interessava por ninguém. Mas, de longe, reconhecia-me. Quanto entusiasmo arrebatado em minha honra!"

Mais tarde, Hitler terá inúmeros cães, com destaque para Rudi, um cão-policial que o seguia para toda parte, tanto na Prússia Oriental como no *bunker* da Chancelaria.

Um outro aspecto do personagem era sua afeição pelas crianças. As fotografias que mostram o *Führer* beijando meninos e meninas, vindos para lhe dar presentes e flores, não são unicamente efeitos da propaganda. Hitler, na vida privada, agia do mesmo modo. Assim, os cinco filhos de Goebbels vinham repetidas vezes à Chancelaria ou ao Berghof, ver aquele que familiarmente chamavam "tio Adolf", e que adoravam. Por seu lado, Hitler, que no entanto possuía um caráter irascível, mostrava-se para com eles de uma paciência angélica, distribuindo guloseimas e contando-lhes histórias divertidas. Não tendo ele próprio descendência, o chanceler intitulava-se "o pai de todas as crianças alemãs".

A vida sexual do *Führer* é igualmente um mistério, mesmo aos olhos do historiador. Apesar do muito que se disse, cremos que Hitler praticava a castidade, não por motivo de qualquer impotência, mas por convicção estudada, com um espírito de disciplina e de purificação que não pode deixar de nos recordar o dos gnósticos e dos cátaros. Na ótica hitleriana, o abandono da continência sexual devia provocar a perda desses poderes sobrenaturais conferidos excepcionalmente a um homem político. Eis por que as relações de Hitler com as mulheres foram sempre platônicas. Isso não o impedia de gostar da companhia de mulheres belas, com quem se mostrava de uma cortesia tipicamente vienense. Suas maneiras galantes, plenas do velho espírito austríaco, sabiam seduzir. De certo modo, a atitude dele identificava-o com os trovadores, esses *Minnesinger* cantados por Wagner e que louvavam o amor cortês. Uma das suas secretárias revela-nos:

"Hitler gostava das mulheres que se adornavam com flores naturais. Ele chegava a apanhar as flores que decoravam a mesa e atirava-as, com um gesto insinuante, às suas convidadas.

Quando as mulheres a quem ele tinha assim demonstrado o seu interesse pregavam as flores nos cabelos ou no corpete, Hitler dirigia-lhes sempre um cumprimento encantador. Logo que uma mulher chegava à mesa com flores cuja cor não lhe agradava, escolhia outras num vaso e dava-lhas, fazendo-lhe a observação de que essas se adequavam melhor com a brancura da pele ou com a cor do vestido[2]".

Conhecem-se poucas mulheres da vida de Hitler, embora

---

[2] Albert Zoller, *Douze Ans auprès d'Hitler*, Paris, Julliard, 1949, p. 88.

se lhe tenham atribuído, no tempo do seu esplendor, numerosas ligações. Três figuras femininas se destacam na sua vida sentimental, três nomes que ele rodeia de um amor idealizado e como que incorpóreo: Stephanie, Geli Raubal e, enfim, Eva Braun.

Hitler tinha dezesseis anos quando se enamorou pela primeira vez. A jovem chamava-se Stephanie. "Todas as tardes", diz-nos Léon Degrelle, "Hitler instalava-se na ponte de Linz para a ver passar". Durante os seis meses que dura essa manobra, ele não ousa dirigir-lhe a palavra. Nessa idade, Hitler era muito tímido. O adolescente, imitando os poetas do fim da Idade Média, Dante e Petrarca, que ele admirava tanto, guardou durante dez anos, o que pode parecer inacreditável, o amor dessa aparição longínqua. "Em toda a juventude de Hitler", afirma Degrelle, "houve um único amor, quer isso agrade ou não[3]".

No decorrer da sua vida agitada de tribuno político, Hitler conhecerá vários idílios, mas todos acabarão tragicamente. O primeiro amor foi inaugurado pelo suicídio de uma jovem num quarto de hotel. Os amores do pintor austríaco são marcados por uma sina trágica, reveladora de paixão impossível. Geli Raubal, a sua própria sobrinha, que ele ama a ponto de perder a cabeça, suicida-se com um tiro de revólver. O ciúme doentio de Hitler a tinha tornado louca. A última ligação do *Führer* foi a jovem e loura Eva Braun, que Hoffmann, o seu fotógrafo, lhe apresentou, e que ele desposa *in extremis*, antes de arrastar a jovem mulher com ele para a morte, em 29 de abril de 1945. Já em 1935 Eva tinha tentado terminar os seus dias por meio de um pequeno revólver que levava na sua bolsa de mão. Hitler não compreendia as mulheres que se apaixonavam por ele. Gravitando em um mundo inacessível, onde a embriaguez dos sentidos não possuía

---

[3] Léon Degrelle, *Hitler pour mille ans*, Paris, La Table Ronde, 1969.

nenhuma significação, também este amor foi, antes de tudo, uma amizade.

Nessa vaga de suicídios, é preciso citar também o nome de uma jovem inglesa muito bela, Unity Mitford. "Ela asssemelha-se", relata um seu contemporâneo, "a uma deusa grega, esbelta, loira, o tipo germânico perfeito". Imaginava ser possível, com o seu amor, reconciliar Hitler com a Inglaterra. Unity seguia Hitler em todas as deslocações, e este a convidava várias vezes. A beleza dos seus traços provocava a admiração de Hitler, mas o idílio nunca foi mais longe do que isso.

Após a declaração de guerra, no dia 3 de setembro de 1939, Unity, desesperada, dispara uma bala na cabeça, sob as janelas da Chancelaria. Gravemente ferida, foi confiada aos cuidados dos melhores cirurgiões do Reich. Hitler enviava-lhe rosas todos os dias. Um comboio especial conduziu-a até a Suíça. Daí, regressou à Inglaterra, onde morreu de desgosto, algum tempo depois do desaparecimento do seu ídolo.

A vida sentimental de Hitler era alucinante. Terminou nas chamas de uma nova fogueira cátara, a 30 de abril de 1945.

Tais fenômenos não são compreensíveis senão à luz de uma visão absolutamente particular da vida e das coisas. Hitler tinha se devotado à castidade, como os puros, os visionários albigenses[4]. A seus olhos, a pureza do corpo, o templo da alma, era tão indispensável como a pureza do espírito, terceiro grau na hierarquia espiritual, para entrar em comunicação com as entidades superiores que lhe inspiravam os grandes temas da sua missão: porque Hitler acreditava numa força superior, assimilável a Deus, afirmando-o constantemente nos seus discursos, onde o invoca como Todo-Podero-

---

[4] Hitler acreditava igualmente, como os cátaros, na metempsicose ou reencarnação das almas no decurso de vidas ulteriores. Declarou um dia: "Mesmo aquele que se suicida regressa fatalmente à natureza — corpo, alma e espírito" (*Libres Propos*, p. 139).

so, e até mesmo nas entrevistas privadas. Mas qual era a sua concepção do Ser Supremo? Seria a que Alphonse de Chateaubriant lhe atribui em *La Gerbe des Forces*? "Hitler, como Jeremias, desceu à casa do oleiro e foi na olaria que Deus lhe deu a conhecer a palavra... de modo que, hoje, tudo na Alemanha, toda esta extraordinária renascença alemã, sai da casa do oleiro." Acrescentamos pelo nosso lado que a alusão à olaria da Bíblia pode ter um sentido suplementar; sabe-se que os cátaros exerciam de bom grado a profissão de artesão, especialmente a de oleiro, ocupação muito apreciada por eles, imediatamente após a de tecelão.

Outras alusões ao catarismo podem ser descobertas, por onde o autor relata fielmente as conversações com o mestre da Alemanha. Hitler recebe assim, com grande luxo, o escritor Gerhart Hauptmann, o autor ilustre de *Tisserands* (*Tecelões*), peça de teatro cuja ação se situa no século XIX, mas que contém grande número de símbolos relativos aos tecelões da Idade Média, isto é, aos cátaros. "Gerhart Hauptmann foi apresentado. O *Führer* aperta-lhe a mão e olha-o nos olhos. Era esse famoso olhar de que toda a gente falava, esse olhar que causava arrepios e do qual um jurista das altas esferas e de idade madura me disse um dia que, tendo-o sentido, apenas teve um desejo, o de regressar a casa para se recolher e assimilar aquele instante único. Hitler sacode mais uma vez a mão de Hauptmann. É agora, pensavam as pessoas presentes, que vão sair as palavras imortais que entrarão na História. É agora, pensava o próprio Hauptmann. E o *Führer* do Reich, pela terceira vez, estreita a mão do grande poeta, passando seguidamente aos outros visitantes. O que não impediu que Gerhart Hauptmann dissesse um pouco mais tarde aos seus amigos que este encontro constituía o apogeu e a maior recompensa de toda a sua vida[5]."

---

[5] Hermann Rauschning, *Hitler m'a Dit*, p. 285-286.

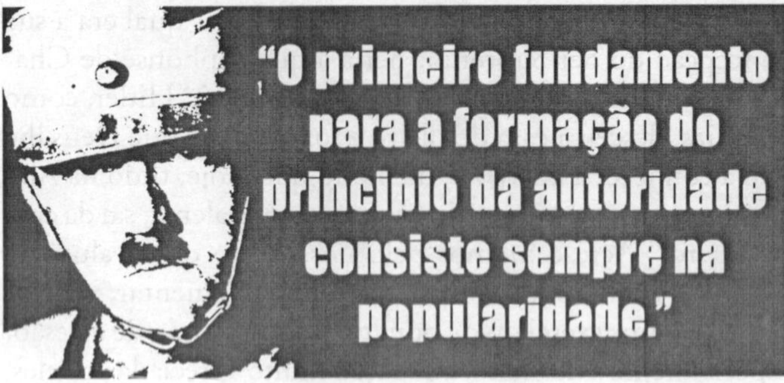

Ignoremos um instante a interpretação pessoal do autor e regressemos aos fatos. Hitler apertou por três vezes a mão de Hauptmann. Ora, o número três é um sinal de reconhecimento entre os iniciados de certas Ordens, especialmente entre os maçônicos... e os cátaros. Com esse gesto, Hitler reconhecia o iniciado e transmitia-lhe o seu fluido, o que nos elucida melhor sobre a interpretação, de outro modo absurda, do próprio Hauptmann a propósito de tal encontro.

Ao estudarmos as idéias pessoais do mestre do III Reich, que nas longas noites de guerra, ao escrever *Libres Propos*, se desnudou um pouco, apercebemo-nos de que a correlação feita não é absolutamente nada ousada.

(Fonte: *Hitler e as religiões da suástica*, Jean-Michel Angebert, Difusão Européia do Livro, São Paulo, 1973.)

A luta é a mãe de todas as coisas

Nova Enciclopédia Barsa

O ressentimento dos alemães pela derrota sofrida na Primeira Guerra Mundial e a crise econômica e social da década de 1930 favoreceram a ascensão do partido nazista e de seu líder, Adolf Hitler.

Adolf Hitler nasceu em 20 de abril de 1889 na localidade austríaca de Braunau am Inn. Sem concluir os estudos de segundo grau em Linz, mudou-se em 1908 para Viena, onde o sonho de tornar-se pintor foi truncado quando não conseguiu ingressar na Academia de Belas-Artes. Durante sua permanência na capital austríaca, ganhou a vida precariamente pintando cartões-postais, enquanto absorvia as idéias nacionalistas e anti-semitas que mais tarde o levariam ao poder.

Em 1913 mudou-se para Munique, e um ano depois, quando eclodiu a Primeira Guerra Mundial, alistou-se no Exército alemão. Recebeu a guerra com entusiasmo, como um alívio para suas frustrações e a falta de sentido de sua vida. Ferido duas vezes em combate, em 1916 e 1918, ganhou a Cruz de Ferro, importante condecoração militar.

Terminada a guerra, continuou vinculado ao Exército e, em setembro de 1919, filiou-se ao Partido Alemão dos Trabalhadores, que, um ano depois, passou a chamar-se Partido Nacional-Socialista Alemão dos Trabalhadores, o partido nazista. Em julho de 1921, Hitler assumiu a chefia absoluta da organização, que se nutria de elementos de diferentes categorias sociais e ideologias, como veteranos de guerra, desempregados, anticomunistas e nacionalistas.

Em 1923, depois que os franceses ocuparam a região do Ruhr para assegurar o pagamento de indenizações de guerra, Hitler dirigiu a intentona conhecida como *putsch* de Munique. O movimento fracassou e Hitler foi condenado a cinco anos de prisão na fortaleza de Landsberg, embora só tenha

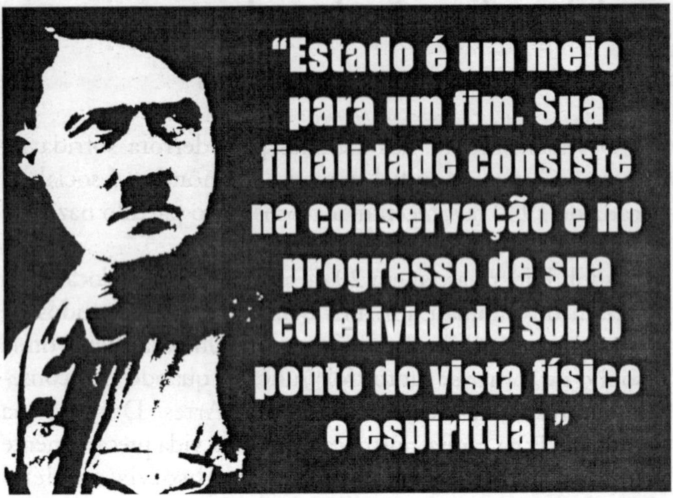

cumprido nove meses da pena. No cárcere, escreveu o primeiro volume de *Mein Kampf* (1925-1927; *Minha luta*), livro de propaganda nazista, no qual expôs suas principais idéias: o ódio aos judeus, a superioridade da raça ariana representada pelo povo alemão e a predestinação do líder (*Führer*) dos alemães para impor o estado germânico sobre o resto do mundo.

Recuperada a liberdade, Hitler dedicou-se a reorganizar o partido e a prepará-lo para a conquista do poder pela via eleitoral. Enfrentou oponentes dentro do partido, cuja atividade decaiu durante alguns anos. Em 1929, a crise econômica internacional afetou gravemente a Alemanha e provocou um crescimento das organizações comunistas. A classe média e os grandes industriais, alarmados, começaram a apoiar, até mesmo financeiramente, os nazistas, que nas eleições de 1930 converteram-se na segunda força política do país, com mais de seis milhões de votos.

As organizações paramilitares nazistas provocaram o terror e a desestabilização política da República de Weimar. As contínuas demissões de chanceleres (na Alemanha, cargo equivalente a primeiro-ministro) obrigaram o presidente Paul von Hindenburg a convocar novas eleições para julho de 1932. O partido de Hitler triunfou, com cerca de 14 milhões de votos. As ações terroristas recrudesceram e, em janeiro de 1933, Hindenburg nomeou Hitler chanceler. Em 27 de fevereiro, ocorreu o incêndiso do Reichstag (sede do Parlamento), ateado pelos nazistas mas atribuído por eles aos comunistas, pretexto para que Hitler assumisse poderes ilimitados.

Em 2 de agosto de 1934 Hindenburg morreu, e Hitler nomeou-se presidente, comandante supremo das forças armadas e *Führer* do Terceiro Reich. Nos anos seguintes, seu governo perseguiu todos os grupos opositores, sobretudo os marxistas e os judeus. Criou uma poderosa polícia política, a Gestapo, e ordenou a construção de numerosos campos de concentração. Organizou, ao mesmo tempo, uma avançada indústria de guerra que converteu a Alemanha no país mais bem armado da Europa. Tornou-se muito rico mas levava uma vida ascética. Conquanto exercesse uma liderança magnética sobre os subordinados, a rotina do poder lhe desgostava e ele deixava as tarefas administrativas com os ministros. Era sujeito a freqüentes acessos de fúria.

Consolidado no poder, Hitler pôde dedicar-se à consecução de seu sonho político: a expansão do Terceiro Reich pela Europa. Depois do plebiscito de união do Sarre à Alemanha, da anexação da Áustria e da ocupação da Tchecoslováquia, o ataque à Polônia provocou a declaração de guerra por parte do Reino Unido e da França. Os dois primeiros anos da Segunda Guerra Mundial foram favoráveis à Alemanha; mas o ataque à União Soviética em junho de 1941 marcou, depois de grandes vitórias iniciais, uma mudança decisiva na balança militar. Os soviéticos resistiram à invasão do Exército alemão, o qual, a partir de 1942, e sobretudo depois da entrada dos Estados Unidos no conflito, sofreu enorme desgaste nas diversas frentes.

Em julho de 1944, Hitler ficou ligeiramente ferido num atentado perpetrado por um grupo de militares e desde então isolou-se ainda mais. Em janeiro de 1945, quando a derrota da Alemanha era só uma questão de tempo, começou a apresentar sinais de senilidade, talvez loucura, e refugiou-se com a mulher, Eva Braun, no *bunker* (abrigo subterrâneo) da chancelaria em Berlim. Ali se casaram, em 29 de abril de 1945. No dia seguinte, quando tropas soviéticas já haviam penetrado em Berlim, ambos se suicidaram. Em obediência a suas ordens, os dois corpos foram encharcados com gasolina, queimados e enterrados nos jardins do quartel-general nazista.

Segundo documentos russos divulgados em 1995, os restos de Hitler foram trasladados para uma base militar em Magdeburg. Em 1970, os despojos, mal queimados, foram cremados para que não se tornassem foco de homenagem de neonazistas.

A morte de Adolf Hitler

John Toland

No fim de manhã do dia 30 de abril, o Tiergarten foi conquistado pelos soviéticos e anunciou-se a presença de uma unidade vanguardista vermelha na rua que dava para a Chancelaria. Não se conseguia discernir o efeito de tais notícias na pessoa de Hitler. Almoçou com as duas secretárias e a cozinheira, conversando amenidades, como se não se tratasse de mais do que uma costumeira reunião do círculo de família. Mostrava-se dono de si e, talvez, mais tranqüilo do que de hábito. À imaginação de Traudl aquilo se semelhava a "um banquete oferecido pela Morte, coberta com a máscara da resignação e da compostura".

O dia, no entanto, estava muito longe de ser como todos os outros e, mal haviam as moças partido, Hitler mandou-as voltar, convocando também Bormann, o casal Goebbels e vários outros. Mais curvado do que nunca, saiu ele vagarosamente do quarto de dormir, em companhia de Eva, que trajava o vestido negro que Hitler mais admirava; penteara e escovara cuidadosamente o cabelo. Hitler cumprimentou a todos. Estava pálido e viam-se-lhe lágrimas nos olhos. Fitou Traudl, quando lhe apertou a mão, mas sem parecer vê-la; murmurou alguma coisa que a jovem não conseguiu ouvir. Ela ficou rígida e fascinada, esquecida de tudo e de todos no interior do aposento. Quebrou-se um pouco o enleio que envolvera, quando Eva Braun, com um triste sorriso, pôs-lhe a mão no ombro. "Por favor, busque pelo menos sair daqui", disse. A voz de Eva desmanchou-se num soluço. "E, por favor, dê lembranças minhas a Munique".

Hitler conduziu Günsche a um canto e disse que era chegado o momento em que ele e Eva se matariam. Queria que se lhes queimassem os cadáveres. Explicou: "Não me convém que depois de morto os soviéticos venham exibirme em algum museu de cera". Günsche ligou para o serviço de Kempka no abrigo, solicitou que preparasse alguma bebida e disse que estava a caminho. Kempka compreendeu logo que algo corria mal. Ninguém pensara sequer em bebida, nos últimos dias. Encontrou uma garrafa de conhaque e esperou. O telefone tocou. Era novamente Günsche. "Necessito, incontinenti, de 200 litros de gasolina", revelou, sem circunlóquios. Kempka achou que aquilo era brincadeira e perguntou a que destinaria tanto combustível.

Günsche não podia explicar pelo telefone. "Quero que, sem falta, se coloque gasolina na entrada do abrigo do *Führer*". Kempka declarou que toda a gasolina de que dispunham — cerca de 40.000 litros — jazia enterrada no Jardim Zoológico, debaixo de um fogo de artilharia. Teriam de esperar até às 5 horas da tarde, quando se interrompia o fogo. "Não posso esperar nem uma hora. Veja o que pode extrair dos tanques de carros destruídos."

Hitler, muito emocionado, despedia-se daquele que, por tantos anos, fora seu piloto pessoal. Enlaçaram as mãos, e Baur suplicou-lhe que fugisse de avião, para a Argentina, para o Japão, ou para algum dos países árabes onde o seu anti-semitismo lhe granjeara amigos tão sólidos e fiéis. Mas o *Führer* não lhe dava ouvidos. "É preciso que se tenha a coragem de enfrentar conseqüências — aqui mesmo, vou pôr fim a tudo! Sei que, amanhã, milhões de pessoas me amaldiçoarão — é assim que o tencionava o destino." Agradeceu a Baur os longos anos de serviço e ofertou-lhe, como presente, uma propriedade muito querida: o retrato de Frederico, o Grande. "Não quero que se extravie este quadro. Quero que permaneça para o futuro. É de um valor histórico inestimável."

Baur disse que aceitaria o presente, desde que Hitler o autorizasse a doá-lo mais tarde a um museu ou a uma galeria. Hitler teimou em que era um presente pessoal e, depois, com um sorriso, relembrou que muitas vezes Baur se queixara

A demonstração de alegria de Hitler ao saber que a França se rendera foi filmada por Walther Frentz, em Brûly-de-Pesche.

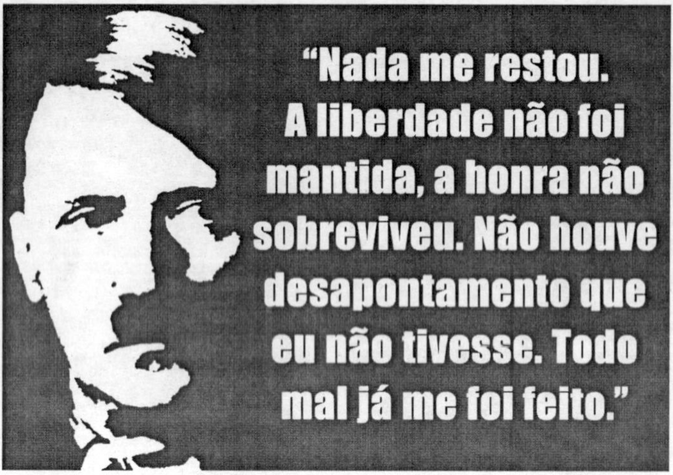

de transportar o enorme retrato, de sede de Comando para sede de Comando. Agarrou as mãos do piloto. "Baur", disse, com amargura, "quero que escrevam em meu túmulo: "Foi vítima de seus Generais!"

O casal Hitler sentou-se num divã, nos aposentos particulares. Atrás deles, estava vazio o lugar que ocupava o retrato do Grande Frederico. Foi Eva quem morreu primeiro — tomando veneno. Cerca das 3h30 da tarde, Hitler pegou a sua pistola Walther, de calibre 7.65 (Geli suicidara-se com uma pistola Walther, e Eva tentara matar-se com arma semelhante, mas não conseguira). A arma o acompanhara anos seguidos: como meio de defesa contra os comunistas, nos dias em que o Partido ainda engatinhava; como meio de conquistar a atenção do público, na Bürgerbraukeller, em 1923. Várias vezes, sucumbindo a ataques de depressão, ameaçara suicidar-se com a pistola Walther. Agora era real, era sincera a intenção. Sobre uma cômoda, figurava o retrato de sua mãe, quando jovem. Hitler encostou o cano da pistola na têmpora direita e puxou o gatilho.

No andar de cima, Traudl Junge contava às crianças de Goebbels uma história de fadas, para que os pequenos não descessem ao andar inferior, quando, dolorosamente, ecoou o ruído de um tiro pelas paredes de concreto. O jovem Helmut imaginou que seria o barulho de uma bomba inimiga e gritou: "Bem no alvo!" Na sala de reuniões, Goebbels, Bormann e Günsche vacilaram por um momento, ao ouvir o tiro, e logo penetraram na antecâmara de Hitler, com Goebbels à frente. Günsche viu o *Führer* dobrado no divã, e com a face sustentada pela mesa baixa. À sua esquerda, jazia Eva, pesadamente reclinada sobre o braço do móvel, com os lábios colados pela mão da morte, e as narinas embranquecidas pelo cianureto. Estava molhado o vestido, mas não de sangue. O corpo do Führer, ao inclinar-se, fizera cair um vaso que enfeitava a mesa. Aturdido, em pânico, Günsche recuou para a sala de reuniões, onde Kempka o deteve.

"Por amor de Deus, Otto", disse o motorista. "Que está acontecendo? Você deve ter enlouquecido; fez com que eu obrigasse soldados a arriscar a vida só para recolher duzentos litros de gasolina?" Günsche passou por ele, batendo com a porta do vestiário para que ninguém pudesse entrar. Depois, cerrou a porta do apartamento do *Führer* e virou-se, com os olhos esbugalhados. "O Chefe está morto!"

Só acudiu a Kempka a idéia de que Hitler fora vítima de um ataque cardíaco. Günsche perdeu o domínio da voz. Embora tivesse visto o rombo de bala na têmpora direita de Hitler, apontou um dedo, como se fora uma pistola, e colocou-o na boca; aquele gesto descontrolado inspirou a versão, a que tantos deram crédito, de que Hitler se matara com um tiro na boca.

"Onde está Eva?"

Günsche apontou para a antecâmara de Hitler e, ao cabo de algum tempo, logrou proferir: "Ela está na companhia dele". Precisou de muitos minutos para sacudir de si, em voz entrecortada, a história toda. Linge espiou pela porta da antecâmera de Hitler e perguntou onde estava a gasolina. Kempka respondeu que tinha cerca de 170 litros, em latas, na entrada do jardim. Linge e o dr. Stumpfegger transportaram o cadáver de Hitler, envolto num cobertor marrom escuro, do exército. Metade da face do *Führer* estava coberta; o braço esquerdo pendia, solto. Bormann o seguia, carregando o corpo de Eva. Vê-la nos braços de Bormann foi coisa que Kempka não conseguiu suportar. Ela sempre detestara Bormann; como um relâmpago, passou pela cabeça do motorista a idéia: "Nem mais um passo". Disse a Günsche que levaria Eva; depois, tomou-lhe o corpo das mãos de Bormann. Quase no meio do caminho que galgavam para a superfície, no meio das quatro escadarias, o gelado cadáver de Eva lhe ia escapando das mãos. Kempka estacou, incapaz de prosseguir, até que Günsche veio ajudá-lo; os dois transportaram Eva para o jardim.

Os russos já haviam voltado a atirar, e as bombas explodiam no meio dos destroços. Só permaneciam de pé, embora abaladas, as paredes da Chancelaria; tremiam e voltavam a tremer, a cada nova explosão. Kempka, meio cego por uma nuvem de poeira, enxergou o corpo de Hitler, a uns três metros de distância da entrada do abrigo. As calças do *Führer* estavam como que encolhidas, o pé direito pendia-lhe para dentro — como para dentro pendia, quando o *Führer* se acomodava no curso de uma viagem longa.

Kempka e Günsche estenderam o corpo de Eva à direita do de Hitler. Nesse preciso momento, a artilharia fez mais alto ouvir a sua voz e os forçou a correr para o umbral do abrigo. Kempka, tenso, parou alguns minutos; depois, agarrou uma lata de gasolina e voltou ao lugar em que se encontravam os corpos.

Chegou o braço esquerdo de Hitler para mais perto do tronco. Só fez isso para protelar um serviço que lhe repugnava; não conseguia coragem bastante para encharcar os corpos com gasolina. O vento passou por entre os cabelos de Hitler, que se moveram. Kempka abriu a lata. Um petardo explodiu, cobrindo-o de fragmentos. Um *shrapnel* zumbiu perto de sua cabeça. Voltou a esgueirar-se em busca de refúgio.

Günsche, Kempka e Linge aguardaram na porta uma calmaria. Estiando os tiros, voltaram aos corpos. Vencendo calafrios de repugnância, Kempka regou-os de gasolina. Passou-lhe pela cabeça: "Não o posso fazer, mas o estou fazendo". Viu o mesmo sentimento refletir-se no rosto de Linge e no de Günsche, que também derramavam gasolina. Do umbral, Goebbels, Bormann e o dr. Stumpfegger buscavam espiar com uma curiosidade mórbida.

Tão densas e tão pesadas se tornaram as roupas embebidas de gasolina que mesmo a mais forte rajada de vento por elas passava como se nada fosse. Volveram as bombas a chover, mas os três homens não pararam de esvaziar lata após lata, até a espécie de cova rasa em que os dois amantes jaziam se transformou num pequeno poço de gasolina. Günsche sugeriu que o inflamassem com uma granada de mão, mas Kempka foi contrário a isso. Não suportava o pensamento de que os dois fossem estraçalhados. Viu um grande trapo de pano junto a uma mangueira de incêndio, na porta da entrada. Mostrou-o a Günsche, que o encharcou de gasolina.

Goebbels passou às mãos de Kempka uma caixa de fósforos. Este atirou o trapo incandescente sobre os dois corpos. Ergueu-se uma bola de fogo ardente, de cujo seio brotavam escuras nuvens de fumaça. Era um pequeno clarão no meio de uma cidade toda ela incendiada, mas horrível era contemplá-la. Os homens estacaram como que hipnotizados, enquanto o fogo, vagaroso, consumia Adolf e Eva Hitler. Abalados, Günsche e Kempka já não caminhavam, tropeçavam, como bêbedos, de volta à entrada. Trouxeram mais latas de gasolina e, durante as três horas que se seguiam, não cessaram de derramar o líquido sobre os corpos que ora brilhavam com mais intensidade, ora ligeiramente se apagavam.

Atordoado, Günsche finalmente regressou ao abrigo. No

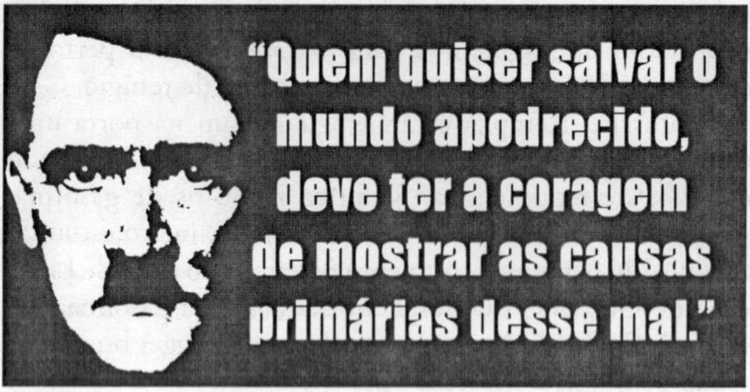

nível superior, reparou em Traudl recolhida num pequeno banco com uma garrafa de Steinhäger ao lado. Bebeu um gole; as mãos enormes lhe tremiam.

"Cumpri a última das ordens do *Füher*, disse brandamente. "O seu corpo foi consumido pelo fogo". Ela nada disse, mas quando ele a deixou para voltar a examinar os cadáveres, sentiu-se compelida a introduzir-se no apartamento de Hitler. A porta estava aberta. No soalho, ao pé do divã, estava a pequena cobertura de latão da ampola de cianureto. Semelhava um batom vazio. Na almofada que ficava à direita do divã, ela distinguiu sangue — sangue de Hitler. De um cabide de ferro pendiam a corrente do cão e o sobretudo cinzento do *Führer*; acima do cabide, divisou-lhe o boné, com o emblema dourado do Partido e as luvas leves de couro de antílope. Resolveu levar luvas *in memoriam* — ou, ao menos, uma das luvas, mas alguma coisa lhe reteve o movimento da mão. Viu um casaco de *renard argenté* no guarda-roupa. Era o mantô que lhe dera Eva, mas Traudl não o pode pegar. Para que lhe serviria? Tudo o de que precisava era uma ampla de veneno.

Aquela noite, os restos carbonizados de Hitler e de Eva foram envolvidos numa lona e, tal como se recordava Günsche, "metidos num buraco de bomba, ao lado da saída do abrigo, e cobertos de terra. Socou-se firmemente a terra, com um pesado instrumento de madeira".

Foi enterrado nos detroços da derrota; não foi enterrado em Munique, como o queria e o dissera ao arquiteto Giesler ("Aqui eu nasci, aqui eu iniciei o movimento e aqui reside meu coração"). Faltou alguém naquela lúgubre cerimônia que recitasse o poema que Baldur von Schirach compusera com as próprias palavras do *Füher*.

É possível que aqui parem as colunas
Que essas intermináveis fileiras de homens pardos
Se deixem levar pelo vento, se fragmentem e se
[dispersem
E que me desertem. É possível, é possível...
Eu, no entanto, permanecerei
fiel, mesmo que todos me abandonem.
Manterei a bandeira erguida, vacilando
[e sozinho.
É possível que os meus lábios
sorridentes digam palavras loucas,
Mas a bandeira cairá quando eu cair
E, soberba, revestirá o meu
cadáver, à guisa de mortalha.

(Fonte: *Adolf Hitler*, John Toland, vol. II, Livraria Francisco Alves Editora, Rio de Janeiro, 1978.)

Hitler e Eva Braun, em Berchtesgaden, no Obersalzberg. No canto superior direito, o monograma de Eva.

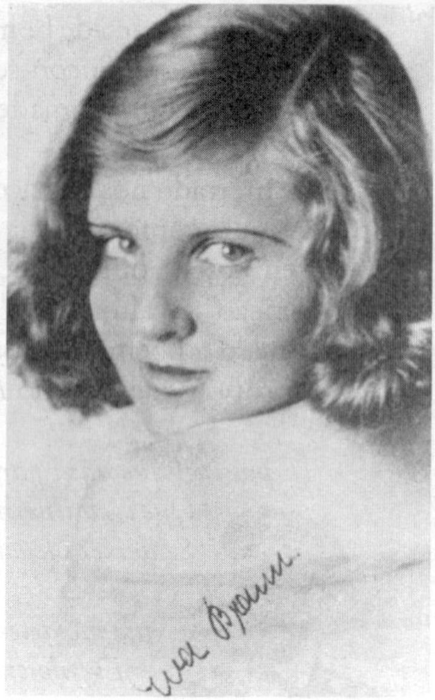

Eva aos dezenove anos. Fotografia favorita de Hitler.

Adolf Hitler cochila, depois do jantar, ao lado de Eva Braun.

1945 — O dever de recordar

William Waack

Ninguém pode entender o século XX sem a Segunda Guerra Mundial, cujo fim violento é rememorado nesta semana em Londres, Paris, Berlim e Moscou. Nenhuma outra guerra matou tanta gente e mudou tanto. A ordem mundial que ela criou começou a desmoronar apenas em 1989, com a queda do Muro de Berlim, e os exércitos que ocuparam o centro da Europa voltaram para casa no ano passado. Nunca houve, na História da humanidade, evento tão grandioso — não só pela amplitude planetária, número de exércitos envolvidos e incalculáveis massas de população civil afetadas. Foi um implacável conflito de visões de mundo, que forjou aliados inesperados numa causa comum. Nunca a humanidade se sentiu tão claramente dividida entre o bem e o mal. O horror se instaurou numa escala jamais vista antes e permanece sem paralelos até hoje. A política de extermínio com métodos industriais, praticada pela Alemanha nazista, exigiu até ressuscitar uma velha palavra de origem religiosa — holocausto — para descrever o genocídio, entre outras vítimas, de 6 milhões de judeus europeus.

A Segunda Guerra foi a guerra da sociedade industrial, no que ela tem de mais avançado e de mais tenebroso. O computador, o avião a jato, o tecido sintético, o radar e o foguete balístico foram inventados ou desenvolvidos em função do conflito. O medo de que os nazistas chegassem lá primeiro levou os Estados Unidos a fabricar a bomba atômica, que seria jogada em agosto de 1945 sobre Hiroshima e Nagasaki para encerrar a guerra com o Japão. A brutalização e a barbárie também avançaram em escala industrial. A guerra total consagrou as crueldades impessoais, praticadas por decisões remotas. Um bem-educado e correto burocrata alemão, que jamais teria pessoalmente obrigado um cidadão de origem judaica a dirigir-se a um matadouro, não sentia repulsa alguma (e, mais tarde, nenhum remorso) em preparar meticulosamente os horários de trem para a deportação anônima de milhares de pessoas rumo às câmaras de gás. O mundo foi exposto de tal forma a massacres, carnificinas, matanças, torturas monstruosas e perseguições étnicas que, desde então, a capacidade de se chocar parece só ter diminuído.

Cinqüenta anos depois da capitulação incondicional da Alemanha nazista, ainda não se encerrou o cálculo do número de mortos da maior catástrofe da História. Na antiga União Soviética, por exemplo, as estimativas de 20 milhões de mortos, que chegaram a ser consideradas exageradas, avançaram, com as pesquisas mais recentes, para 25 milhões, até 27 milhões. Na China, onde é mais fácil ainda fazer o balanço, o número saltou de 13,5 milhões para 15 milhões. A Polônia tinha 35 milhões de habitantes quando foi invadida pela Alemanha, em 1939, no início do conflito. Seis anos depois, contava 6 milhões de mortos, quase 20% de sua população. Ao todo, aceita-se atualmente o número total aproximado de 60 milhões de mortos — mais do que a população do Brasil na época.

Tornou-se moda, entre historiadores, dizer que a Segunda Guerra começou em 1919, embora o motivo direto de sua deflagração possa ser simplificado em duas palavras: Adolf Hitler. Suas causas mais longínquas alcançam a política de hegemonia das grandes potências européias desde o final do século passado e incluem as humilhantes condições impostas à Alemanha imperial ao fim da Primeira Guerra, em 1918. A Alemanha passou no final da década de 1920 por um enorme trauma econômico, que outros países capitalistas também enfrentaram. Nacionalismo xenófobo e idéias totalitaristas ganharam terreno na Alemanha com a crise social do começo da década de 1930, mas eram populares em outras partes da Europa também. Como explicar, então, que a Alemanha, um dos países mais avançados da época, pretendesse que seu *Kulturvolk* (povo de alta cultura) se tornasse a *Herrenrasse* (raça dominante), conduzida por um personagem sinistro de bigode ridículo, cujo programa de conquista e extermínio já estava publicado desde 1923? Não há dúvidas de que a maioria da população alemã se identificou com o regime e o apoiou.

O III Reich, o império que Hitler pretendia que perdurasse mil anos, conquistou e subjugou a Europa no espantoso espaço de tempo de um ano e meio. A Segunda Guerra transformou-se de conflito europeu em conflagração mundial com ataque da Alemanha de Hitler à União Soviética, com quem tinha um pacto de não-agressão, em julho de 1941. Era uma idéia tão absurda que o ditador soviético Josef Stalin se recusava a acreditar que Hitler a considerasse, pois jogava a Alemanha na guerra de duas frentes — contra o Ocidente e a URSS ao mesmo tempo. Do ponto de vista da Alemanha nazista, a conquista do vasto império a leste — o Lebensraum —, com seus imensos recursos materiais e uma vasta população a ser transformada em mão-de obra escrava, era o próximo passo lógico a ser dado. Hitler subestimou a capacidade de resistência dos soviéticos, que começaram a virar as coisas no campo de batalha, a custo de inenarráveis sofrimentos, já no final de 1941, quando os alemães chegaram diante de Moscou. A iniciativa alemã de invadir a União Soviética e declarar guerra aos Estados Unidos decidiu a Segunda Guerra. O Exército Vermelho precisaria de dois anos para ir de Stalingrado, a virada psicológica, até Berlim. No dia 30 de abril de 1945 a bandeira com a foice e o martelo foi hasteada no alto do Reichstag. Hitler suicidara-se encerrado num *bunker* fedorento. Os generais remanescentes assinaram a capitulação incondicional uma semana depois.

A força e a importância desses fatos só começam a se diluir agora, no conturbado parto de um novo tipo de ordem mundial que ninguém sabe como será. Com um componente cuja ironia nunca deixa de ser lembrada: os vencidos de 1945 exibem-se como vencedores desse meio século — e alguns ganhadores da guerra, como derrotados. O Japão, vencido e ocupado, vem desafiando consistentemente a posição dos Estados Unidos (o principal vencedor e beneficiado do conflito) como maior força econômica mundial e o substituiu como nação credora, lugar que na História, sempre coube à potência número 1 do planeta. A Grã-Bretanha, heróica nos meses de 1940-1941 em que resistiu sozinha a Hitler, perdeu o império e virou potência industrial de segunda classe. A União Soviética, gloriosa vencedora, implorou em 1991. Quando seus veteranos de guerra, velhos, pobres e mal vestidos, voltam para visitar em Berlim o palco da sangrenta batalha de abril de 1945, não conseguem acreditar nos próprios olhos. A economia da milionária Alemanha domina a Europa de uma forma que seus exércitos nunca conseguiram em três tentativas (1871, 1914 e 1939). Reunificada, bem-sucedida, consumista, democrática e estável, cada vez mais poderosa e influente, a Alemanha agora se entrega inteira a um exercício ao qual em parte se furtara, nos anos da reconstrução: debruçar-se sobre as causas, os tabus, as culpas e os horrores que ainda hoje desafiam a imaginação.

O dever de recordar

Quando o filósofo Theodor Adorno voltou para a Alemanha Ocidental, já no final da década de 1940, queixava-se de ter encontrado no meio da reconstrução alemã uma atmosfera de "esquecimento frio e vazio" em relação ao passado recente. A psiquiatra Margarete Mitscherlich, que desembarcou na Alemanha com as tropas de ocupação americanas, escreveu naquele período um livro cujo título ficou famoso: *A Incapacidade de Sentir Tristeza,* no qual criticava a pouca disposição da sociedade alemã em se debruçar sobre o que acontecera nos doze anos do III Reich. O 8 de maio, dia da capitulação, foi durante décadas uma data incômoda. Não era propriamente o dia da libertação, pois os aliados não lutaram para libertar a Alemanha de Hiltler e sim para apagar do mapa um regime com o qual a massa do povo alemão se identificara. Os alemães não dançaram nas ruas naquele dia de 1945. Os que teriam motivos para fazê-lo, como inimigos declarados do regime, estavam mortos, presos ou exilados. Libertados foram apenas prisioneiros dos campos de concentração. Foi também o Dia da Derrota, pois não apenas um Exército estava vencido. Um povo inteiro lutou de modo encarniçado até o amargo fim e teve de capitular incondicionalmente.

A expiação oficial desse passado começou a ser feita a sério pela geração de 1968, responsável pela grande transformação política da Alemanha Ocidental (declarada formalmente como antifascista: a Oriental dizia não ter problema desse tipo). A segunda etapa desse processo veio agora, uma geração depois. O "prazer em recordar", como definiu a revista *Der Spiegel,* parece ter tomado conta do país — e dentro da mais absoluta correção política. "Como povo desmoralizado, repleto de nazistas e assassinos, durante muitos anos os alemães não queriam recordar", afirma a revista. "Agora, ao contrário, como nação cheia de sucessos e fartura, que ainda por cima engoliu a RDA e mandou os ocupantes para casa, pode-se olhar até confortavelmente para a culpa e as atrocidades." Os alemães foram ao ataque dos últimos tabus da Segunda Guerra — e, entre estes, em especial o da atuação da Wehrmacht, o Exército no qual serviram quase 20 milhões de pessoas. Os resultados só poderiam surpreender quem não viveu sob a ocupação alemã.

Durante a guerra os comandantes da Wehrmacht sabiam que estavam cometendo crimes atrozes e sistemáticos. Tanto que as ordens eram para não fotografar nada. "É altamente indesejável que fotos com motivos tão pouco estéticos circulem entre a população civil", dizia uma delas, de novembro

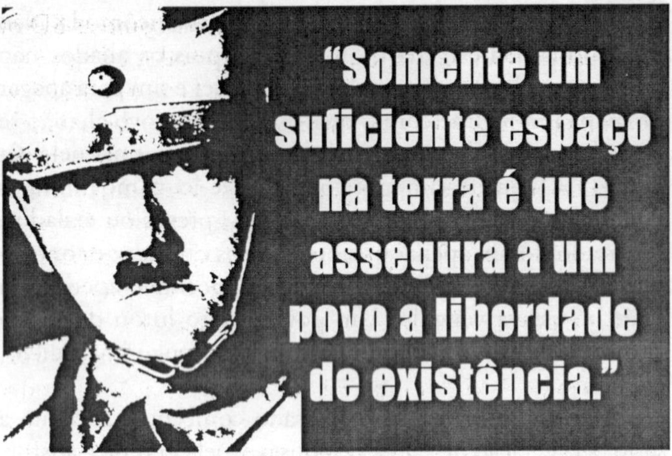

de 1941. Mesmo assim, centenas de soldados alemães enfrentaram o risco de punições severas para poder mostrar em casa o que ocorria atrás das linhas nos territórios ocupados pelos exércitos hitleristas no Leste e nos Bálcãs. São as imensas áreas nas quais a Wehrmacht não conduziu apenas operações bélicas "normais", mas levou adiante uma guerra de extermínio contra prisioneiros de guerra, judeus e populações civis em geral.

Milhares de fotos mostrando enforcamentos, execuções em massa, fuzilamento de reféns, extermínio de prisioneiros de guerra e valas repletas de cadáveres — sempre com soldados alemães vigiando, pondo a corda no pescoço da vítima ou, simplesmente, de mãos na cintura, admirando o trabalho feito — passaram décadas em arquivos de vários países. Agora, fazem parte de uma exposição com brutal impacto sobre a última ilusão que muitos alemães talvez alimentassem — a de que a Wehrmacht tivesse sido um exército dedicado apenas à uma atividade profissional, cumprindo o dever de lutar pela pátria, estivesse ela certa ou errada, enquanto às suas costas unidades da SS, grupos paramilitares como as SD ou a polícia política (Gestapo), se encarregam dos crimes.

A exposição *Guerra de Extermínio: os Crimes da Wehrmacht* começou a circular pela Alemanha no meio da avalanche de eventos relacionados aos cinqüenta anos do fim da Segunda Guerra na Europa, organizada por um grupo de historiadores alemães ligados ao Instituto de Pesquisa Social de Hamburgo. A tarefa a que se dedicam: apagar a absolvição proferida em favor de milhares de pessoas. A participação de alguns grupos profissionais nos crimes nazistas já havia sido iluminada muito tempo: por médicos, juízes, empresários, banqueiros. "A Wehrmacht não é uma instituição qualquer, ela está ligada à vida das famílias médias, com o avô, o tio, o pai, o parente, e àquilo que eles cometeram", diz Jan Phillip Reemtsma, cientista social e um dos responsáveis pela exposição.

A balela da Wehrmacht como uma instituição que cumprira com dignidade seu dever militar quando, na verdade, as Forças Armadas tinham sido a segunda principal coluna de sustentação do Estado nazista, junto do Partido, começou se difundir desde 1945, sobre as ruínas ainda fumegantes do III Reich. Era confortador pensar que generais brilhantes e soldados dedicados haviam sido pessimamente conduzidos, ou até traídos, pelo satânico Adolf Hitler. A partir da guerra fria, caracterizar a Wehrmacht globalmente como um exército assassino chegou a ser visto como propaganda contra a Alemanha Ocidental, criada, reconstruída e protegida pelos Estados Unidos para formar na linha de frente da confrontação com o bloco soviético.

"Até agora existia a lenda de que os responsáveis pelo extermínio sistemático de judeus eram os *Einsatzgruppen* (grupos especiais formados por policiais, SS e SD)", diz Hannes Heer, historiador diretamente responsável pela exposição de Hamburgo. "O estudo acurado das ordens de escalão intermediário da Wehrmacht conta uma história totalmente diferente."

Em algumas áreas que ocupou nos Bálcãs, como na atual Sérvia, não existiam sequer Einsatz. Ali, a Wehrmacht foi responsável sozinha pela construção de guetos, deportação da população de judeus e fuzilamentos, além de massacres da população civil sob o pretexto do combate aos guerrilheiros da resistência.

Outro crime pelo qual apenas a Wehrmacht pode ser apontada como culpada foi o extermínio sistemático de cerca de 3 milhões de prisioneiros de guerra soviéticos, aos quais o comando alemão negou os direitos mínimos das convenções de Haia, garantidos a adversários ocidentais. A taxa de mortalidade de prisioneiros russos na Alemanha durante a Primeira Guerra foi de 5%. Na Segunda Guerra alcançou quase 60%. A maior parte dos prisioneiros soviéticos morreu durante os dois primeiros anos do conflito (ou seja, enquanto a Wehrmacht era, em geral, vitoriosa).

Mesmo algumas glórias trágicas para veteranos alemães, como a catástrofe do 6º Exército em Stalingrado (dos 130.000 soldados alemães prisioneiros na batalha, só 6.000 sobreviveram), perderam o que poderiam ter de honroso, em termos estritamente militares. No seu caminho rumo a Stalingrado, atravessando de cima a baixo a Ucrânia, esse 6º Exército foi responsável por alguns dos piores massacres já cometidos contra a população civil, especialmente a de judeus. Um deles, o de Babi Yar, o único sobre o qual existe até um filme feito por soldados alemães, virou um dos maiores símbolos de horrores da guerra: foram fuzilados ali 30.000 velhos, mulheres e crianças. Apesar da esperada resistência de veteranos a encarar fato como esses, a opinião pública alemã parece bastante receptiva à realidade da verdade histórica. A mais recente pesquisa divulgada na Alemanha afirma que apenas 41% da atual população olha "com respeito" os combatentes da Wehrmacht (a título de comparação: na Rússia a mesma pesquisa mostra que 97% da população tem forte admiração pelos soldados soviéticos na Segunda Guerra).

Hitler, de volta da frente oriental, repousa na Obersalzberg.

A chuva de cartas de reminicências de integrantes da Wehrmacht, desatada assim que se atacou o tabu, mostra que mesmo na época se sabia muito mais do que, mais tarde, os veteranos estavam dispostos a admitir. Veteranos como o ex-chefe de governo alemão Helmut Schmidt (chegou a tenente da Wehrmacht durante a guerra) expressam bem a cisão interior que afeta muitos alemães acima de sessenta anos de idade. Há pouco Schmidt se aborreceu e ameaçou abandonar um debate no qual se generalizou a acusação de criminosos a todos o integrantes da Wehrmacht.

"Nunca presenciei nada disso e só soube das atrocidades quando já era prisioneiro dos ingleses, a guerra acabada", disse. Minutos depois, mais calmo, sintetizou tudo numa frase: "Acho que eu tive sorte".

Outro veterano e especialista no período, Manferd Messwerschimidt, sessenta e nove anos, ex-diretor do prestigiado Instituto de História Militar de Freiburg (agora em Potsdam), foi implacável. "Essa tendência geral de não pensar no que a guerra realmente foi, pronunciada nos interrogatórios, foram citadas copiosamente para que os comandantes aliados tivessem uma instrutiva visão dos problemas a ser encontrados ao lidar com a juventude no já então previsível pós-guerra."

"Não foi bem assim", diz ele, hoje um homem na terceira idade, lutando com as seqüelas de um derrame que o deixou inativo. Essa tendência acabou se transformando num pré-requisito de sobrevivência psíquica para nossa sociedade do pós-guerra", diz. "Em toda família alemã havia um pai, um irmão, um filho que fora soldado. Pensar que todos tivessem tomado parte numa guerra criminosa ia um pouco além da capacidade de nossa sociedade."

É possível separar o mérito militar profissional de comandantes e soldados alemães dos crimes cometidos pela Wehrmacht nessa guerra? "Eu acho que é impossível", responde o historiador Messerschmidt. "Já no final de 1941, antes mesmo que a grande máquina de extermínio de Auschwitz funcionasse a toda força, mais de 1 milhão de judeus tinham sido massacrados, em parte com substancial participação da Wehrmacht, cujos soldados sempre estavam presentes: erguendo ou vigiando guetos, capturando ou entregando prisioneiros, cercando ou limpando cidades, organizando deportações, fuzilando." Entre 1933 e 1945, o período que durou a ditadura nazista, apesar da propaganda e da repressão, não existia ninguém no país, não importa a classe social, que não tivesse em algum momento sabido ou experimentado o caráter arbitrário, ilegal e desumano do regime. Milhares de alemães lutaram com impressionante fanatismo até o fim. "Essa energia destrutiva, a de lutar sem nenhuma perspectiva até o último minuto, não tem nenhuma outra comparação histórica, diz Reemtsma. A maior produção industrial alemã foi registrada na primavera de 1945, um mês antes da capitulação incondicional. Às vésperas da queda de Berlim, 75.000 veteranos já alquebrados, reforçados por adolescentes, pouco mais que crianças, convocados por Hitler para o inútil esforço final, detiveram durante dolorosos e cruentos dias o avanço de 1,5 milhões de russos comandados pelo general Jukov. O sentido de *Volksgede*, comunidade popular, foi de fato compartilhado pelos alemães sob Hitler, a quem só começaram a dar as costas a partir de 1944, com a maior parte do país em ruínas. "O III Reich foi herança direta da época, dos objetivos e dos métodos de Bismarck e dos imperadores", escreveu Eugen Kogon, autor do clássico *O Estado SS,* publicado já em 1946. "Uma mistura repulsiva de brutalidade, expansionismo, militarismo e romantismo."

No *bunker*, veneno e tiro

Os segundos finais do último ato ninguém viu. Adolf Hitler e sua mulher, Eva Braun, trancaram-se por volta das 3 da tarde do dia 30 de abril de 1945 na sala de estar da suíte do ditador, dentro do *bunker*, no centro de Berlim. Havia uma semana ele não via mais a luz do dia. Tinha já dado a guerra perdida. O povo alemão não merece outra coisa senão desaparecer, murmurou o artífice da *Herrenrasse*, a "raça superior". Aos cinqüenta e seis anos, ele arrastava os pés ao andar, as mãos tremiam constantemente (supõe-se que sofria do mal de Parkinson), os olhos tinham de ser tratados com uma solução contendo cocaína, não conseguia dormir mais do que quatro horas (em geral, a partir das 6 da manhã), seu médico o tratava com um coquetel de anfetaminas. Não se preocupava mais em barbear-se nem com as manchas de comida no uniforme. Curiosamente, parecia mais calmo e tranqüilo depois de seu último grande ataque de nervos, ao saber que Heinrich Himmler, chefe das SS e da Gestapo — o maior entre os milhares de carrascos nazistas —, estava negociando com um intermediário do governo sueco. Hilter ficou muito impressionado quando soube que o amigo Benito Mussolini havia sido executado por guerrilheiros e seu cadáver pendurado pelos pés no centro de Milão, depois que pessoas o cobriram de pontapés e urina. Em 29 de abril, anunciou a decisão de se suicidar. O veneno já havia sido testado um dia antes na sua cadela Blondi. Ele mesmo tomou as devidas providências: mandou o chofer juntar 200 litros de gasolina para cremar seu corpo e o de Eva Braun, trinta e três anos. "Não haverá troféus para ser expostos em nenhum museu", garantiu.

Foi a última das previsões erradas. Quatro dias depois do suicídio, em 4 de maio, um comando chefiado pelo tenente Ivan Klimenki, do serviço secreto militar do Exército Vermelho, tinha já descoberto os cadáveres de Hitler e Eva Braun, entre os de outros nove fiéis até depois da morte (o general Hans Krebs e o ministro da Propaganda, Joseph Goebbels, sua mulher e os seis filhos do casal). O médico-legista russo que os recebeu num subúrbio de Berlim notou a falta de um pedaço da abóbada craniana e da mandíbula inferior, que os oficiais de serviço secreto tinham mostrado a um assistente do dentista de Hitler. O médico não conseguiu encontrar também um dos testículos, o esquerdo. Mas deparou, na boca do cadáver, semicarbonizado e cheirando horrivelmente a carne queimada, com os restos de uma ampola de vidro, além de uma ponte de metal. Não havia dúvidas quanto ao cadáver — era o de Hitler — e à causa da morte: envenenamento por cianureto. Beria, o chefe da polícia política soviética, recebeu o protocolo da autópsia, a ponte e a mandíbula inferior em 23 de maio, mas o mistério sobre o cadáver de Hitler só foi desfeito cinqüenta anos depois com a ajuda da KGB, cujo museu interno continua expondo os troféus que Hitler não queria ser.

Não ter capturado Hitler vivo ou exposto seu cadáver foi uma das maiores frustrações de Josef Stalin. Ele desprezou os resultados da investigação inicial sobre o fim de Hitler e mandou começar tudo de novo, dessa vez com o objetivo de provar que o chefe nazista havia desaparecido. Os soviéticos tinham nas mãos as principais testemunhas dos últimos dias e minutos de Hitler: seu guarda-costas, o ajudante-de-ordens, o mordomo, o piloto-chefe e a assistente do dentista. Todos foram levados para a célebre prisão de Lubianka, no centro de Moscou, alguns torturados durante semanas. Em 1946, voltaram a Berlim para uma reconstituição das cenas finais. Depois, sumiram por quase dez anos no Gulag, sem que o mundo tivesse detalhe algum das investigações feitas pelos soviéticos. Elas surgiram agora de um dos arquivos da KGB e foram divulgadas simultâneamente pelo *Izvestia*, em Moscou, e pelo *Spiegel*, na Alemanha.

O destino dos restos do tirano nazista só voltou a ser discutido pelos soviéticos em 1970. Um quartel do Exército Vermelho em Magdeburg, no que era a Alemanha Oriental, seria devolvido aos camaradas alemães, e o comandante mandou um informe ultraconfidencial ao então chefe da KGB e futuro secretário-geral, Iuri Andropov, perguntando o que fazer com o que sobrava dos corpos lá enterrados. No dia 4 de abril de 1970, seis homens da KGB cercaram uma área dentro do quartel e começaram a cavar um buraco, escondido debaixo de uma barraca. Encontraram cinco caixas de munição, dispostas umas sobre as outras em forma de cruz. A madeira das caixas já estava podre e se misturava com terra e os restos de ossos. No dia seguinte à última execução, as caixas e seu conteúdo macabro foram queimados ao ar livre e as cinzas jogadas num rio.

Um pedaço da abóbada craniana de Hitler apareceu recentemente na TV russa e, a seguir, em várias emissoras de televisão ocidentais. A peça, extraida do museu da KGB, mostra um buraco de bala que atravessa de dentro para fora. Esse é o único detalhe sobre a morte de Hitler ainda não completamente resolvido. As pessoas que o viram morto ainda na sala de estar do *bunker*, entre as 15h30 e 16 horas do dia 30 de abril de 1945, fizeram declarações contraditórias. Umas o viram no sofá, um buraco com sangue na têmpora equerda. Outras, na poltrona, sangrando do lado direito da cabeça. Os soviéticos gostavam da versão segundo a qual o mordomo de Hitler teria dado o tiro fatal, a seu pedido — era a prova da covardia do tirano. Legistas alemães que examinaram recentemente fotos do dossiê da KGB sobre o desaparecimento de Hitler afirmam que o mais provável foi um tiro disparado por Hitler dentro da boca ao mesmo tempo em que rompia a ampola de veneno.

Esclarecidas as últimas dúvidas sobre a morte de Hitler, resta aos historiadores a tarefa de continuar discutindo, meio século depois, um assunto muito mais complicado: como explicar sua vida? O tirano nazista foi o produto previsível, ainda que horrendo, das forças históricas daquele momento ou uma aberração única, um monstro que levou o mal a extremos tais que os instrumentos comuns do conhecimento não bastam para abarcar toda a sua extensão? "Quanto mais eu fico sabendo sobre Adolf Hitler, mais difícil acho explicá-lo", confessou recentemente uma das maiores autoridades no assunto, o historiador inglês Alan Bullock, citado por Ron Rosenbaum na revista americana *The New Yorker.* Para ilustrar o tipo de reação que o debate ainda provoca, o autor menciona no artigo a teoria desenvolvida por Claude Lanzmann, o diretor de Shoah, o longo documentário sobre o holocausto, que chegou a ponto de rejeitar, como imoral, qualquer tentativa de explicar Hitler. Seu argumento: entendê-lo, por qualquer método que seja, leva imediatamente a algum tipo de empatia.

(Fonte: revista *Veja*, 10 de maio de 1995.)

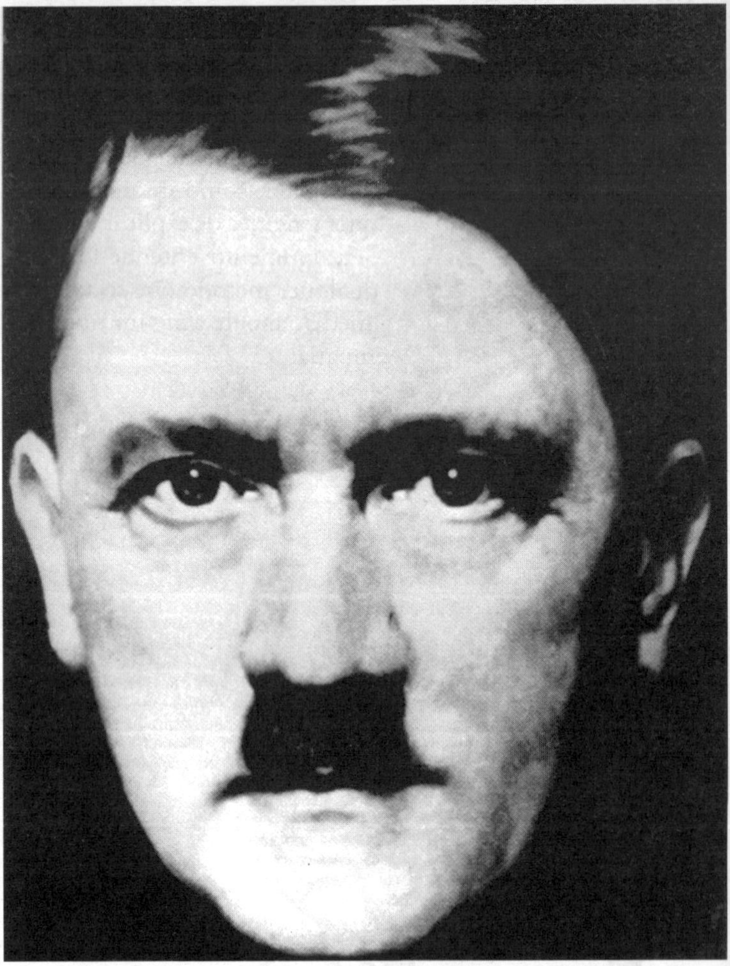

Hitler destruiu a democracia alemã em 1933,
massacrou os judeus e provocou a Segunda Guerra Mundial,
deixando um saldo de 50 milhões de mortos.

HITLER

Leitura Recomendada

Aleotti, Luciano: *Hitler: O Julgamento da História*, Melhoramentos, S. Paulo, 1975.

Alfieri, Dino: *Hitler e Mussolini Frente a Frente*, Ipê, S. Paulo, 1949.

Angebert, Jean-Michel: *Hitler e as Religiões da Suástica*, Bertrand, Lisboa, 1973.

Boldt, Gerhald: *Os Útimos Dez Dias de Hitler*, Nova Época, S. Paulo.

Borman, Martin: *Testamento Político de Hitler*, Exposição do Livro, S. Paulo, 1965.

Brosse, Jacques: *Hitler Antes de Hitler*, Artenova, Rio de Janeiro, 1972.

Cartier, Raymond: *Os Mistérios da Guerra*, A Noite, Rio de Janeiro, 1949.

Fermi, Laura: *Mussolini, Adolf Hitler*, Editora Civilização Brasileira, Rio de Janeiro, 1956.

Fest, Joachim: *Hitler*, Nova Fronteira, Rio de Janeiro, 1976.

Gosset, Pierre: *Hitler*, Aster, Lisboa.

Hitler, Adolf: *Minha Luta*, Globo, Rio Grande do Sul.

Hitler, Adolf: *Mein Kampf*, Livraria do Globo, Porto Alegre, 1934.

Krueger, Kurt: *Eu Fui Médico de Hitler*, Calvino, 1942.

Ludwig, Emil: *Quatro Ditadores*, Livraria do Globo, Porto Alegre, 1940.

Maurois, André: *Tragédia na França*, Editora Vecchi, Rio de Janeiro.

Pedrosa, Valter: *O Fenômeno Hitler*, Roteiro Editorial, 1982.

Rohrs, Hans-Dietrich: *Hitler, Autodestruição de uma Personalidade*, Ibrasa, S. Paulo, 1968.

Shirer, William: *Ascensão e Queda do III Reich*, Editora Civilização Brasileira, Rio de Janeiro, 1962.

Romains, Jules: *Os Sete Mistérios da Europa*, Livraria José Olímpio, Rio de Janeiro.

Tchackhotine, Serge: *A Mistificação das Massas Pela Propaganda Política*, Editora Civilização Brasileira, Rio de Janeiro.

Toland, John: *Adolf Hitler*, Francisco Alves, Rio de Janeiro, 1978.

Trevor-Roper, Hugh Redwald: *Os Útimos Dias de Hitler*, AOV, Porto, 1949.

Livros de e sobre Hitler em outras línguas

Bormann, Martin e Greta, H. R. Trevor-Roper (org.): *The Bormann Letters*, Weidenfeld and Nicolson, London, 1954.

Fest, Joachim: *The Face of the Third Reich*, Pantheon Books, New York, 1970.

Fest, Joachim: *Hitler, Harcourt Brace Jovanovich*, New York, 1974.

Fischer, Louis: *Russia's Road from Peace to War*, Harper & Row, New York, 1969.

Hitler, Adolf: *Hitler's Secret Conversations*, Signet, New York, 1961.

Hitler, Adolf: *Hitler's Secret Book*, Grove Press, New York, 1961.

Hitler, Adolf: *Mein Kampf*, Houghton Mifflin Company, Boston, 1943.

Hitler, Adolf: *Mein Kampf, Eher*, München, 1925-26.

Hitler, Adolf: *The Testament of Adolf Hitler*, os Documentos de Hitler Bormann, Cassell, London, 1961.

Hitler, Brigid: *My Brother-in-law Adolf*. Inédito. Main Branch NYPL Manuscript and Archives Room.

Speer, Albert: entrevista a Eric Norden em *Playboy*, junho de 1971.

Toland, John: *Battle: The Story of the Bulge*, Random House, New York, 1959.

Toland, John: *The Last 100 Days*, Random House, New York, 1966.

Toland, John: *The Rising Sun*, Random House, New York, 1970.